Kirchenschätze auf Pellworm

Marcus Petersen

Kirchenschätze auf Pellworm

Herausgegeben im Auftrage
des Kirchenvorstandes
der Evgl.-Luth. Kirchengemeinde Insel Pellworm
von Dietrich Hölzner

Karl Wachholtz Verlag

ISBN 3 529 02671 9

Karl Wachholtz Verlag, Neumünster, 1983

Vorwort

Die Geschichte dieser Insel reicht fast ein Jahrtausend zurück. Das älteste Bauwerk aus dieser Zeit ist die Alte Kirche – St. Salvator –, an der Westseite der Insel, heute direkt hinter dem Seedeich gelegen. Im 16. Jahrhundert kam die Neue Kirche in der Inselmitte hinzu.

Die Geschichte dieser beiden Kirchen ist zugleich die Geschichte der Insel und ihrer Menschen. Wenn die Steine dieser Kirche reden könnten, sie würden uns viel erzählen und bezeugen können, aber auch mahnen und warnen. Es ist tief beeindruckend, was die vergangenen Generationen aufgewandt haben an Arbeit, Mühe und finanziellen Beiträgen, um solche Kirchen zu bauen und durch Jahrhunderte hindurch zu erhalten, was sie zusammengetragen haben, um das Innere dieser Kirchen würdig auszustatten. All diese Sehenswürdigkeiten sind einmal zur Ehre Gottes als Kunstwerke von Menschenhand gefertigt, zugleich auch Zeugnisse des christlichen Glaubens. Die Zuordnung von Kunst und christlichem Glauben versteht sich heute nicht mehr ohne weiteres, weil das Welt- und Selbstverständnis der Menschen sich gewandelt und verändert hat. Jegliche Betrachtung der Kunstwerke in beiden Kirchen muß ausgehen von der Wirklichkeit Gottes und seiner Geschichte mit den Menschen.

Trotz mancher Kunstfeindlichkeit im Raum der Kirche konnten die Pellwormer Kunstwerke in unsere Zeit hinübergerettet werden. Erhebliche Aufwendungen werden allerdings in naher Zukunft nötig sein, um sie vor weiterem Verfall und Schäden zu bewahren und in ihrer Substanz zu erhalten.

Die Restaurierung des Turmes an der Alten Kirche, Wahrzeichen der Insel Pellworm, ist ein erster Schritt, ein recht großer Schritt in diese Richtung. Die baugeschichtliche Untersuchung, die noch nicht abgeschlossen ist, hat schon jetzt hervorgebracht, daß dieser Turm ursprünglich in seiner reichen Gliederung, einschließlich der Verarbeitung von Natursteinen an den Gesimsen, zu den besten Leistungen der frühen Gotik an der Nordseeküste zählt.

Diese Erkenntnis und viele andere Überlegungen haben in den letzten Jahren den Gedanken reifen lassen, ein Buch über die Kirchenschätze zu erarbeiten. Ich bin sehr dankbar, in *Dr. Marcus Petersen* einen Partner gefunden zu haben, der diese Anregungen aufgegriffen und sich mit mir an diese sehr mühevolle Arbeit gewagt hat.

Eine Fülle von Bild- und Textmaterialien, Quellen und Hinweisen mußten aufgespürt, gesammelt, gesichtet, bewertet und ausgewählt werden. Die von Dr. Petersen eingebrachten künstlerischen, geschichtlichen und verlegerischen Kenntnisse und Erfahrungen haben die Entstehung dieses Buches vorangebracht. Er selbst, auf der Insel Pellworm geboren und aufgewachsen, ist seit über sieben Jahrzehnten mit dem Leben der Menschen hier engstens vertraut. Dies kommt dem Buche in besonderer Weise zugute. So bringen wir diese Schrift auf den Weg und wünschen uns, sie möge dazu beitragen, daß vor allem die Pellwormer – aber auch die vielen Gäste unserer Insel – angeregt werden, beide Kirchen aus näherem Abstand und sachkundiger zu betrachten und aufzunehmen, als es während eines Gottesdienstbesuches möglich ist.

Der christlichen Inselgemeinde auf Pellworm möchte bewußter werden, daß der große Reichtum der Kunstwerke in „ihren" Kirchen, von den Vorfahren übernommen, uns herausfordert und verpflichtet, sie in der Gegenwart und Zukunft zu erhalten und zu bewahren.

Ein Teil des Bild- und Quellenmaterials stammt aus dem im Zusammenhang mit der Entstehung dieses Buches gesammelten und erworbenen Materialien, die dem Archiv der Evgl.-Luth. Kirchengemeinde Insel Pellworm zugeführt wurden. Eine größere Anzahl von Bildvorlagen stellte dankenswerterweise das Lan-

desamt für Denkmalspflege Schleswig-Holstein zur Verfügung. Wir danken ferner dem Landesarchiv in Schleswig, der Landesbibliothek Schleswig-Holstein in Kiel, dem Archiv der Propstei Husum-Bredstedt und der Röm.-Kath. Kirchengemeinde Nordstrand für ihren Beitrag. Schließlich haben wir dem Karl Wachholtz Verlag, Neumünster, zu danken, der die Herstellung und Gestaltung förderte und besorgte.

Dietrich Hölzner, Pastor
Evgl.-Luth. Kirchengemeinde Insel Pellworm

Inhalt

Einleitung

Die meisten Besucher der nordfriesischen Insel Pellworm sind überrascht über die Vielfalt der Kunstwerke, wenn sie die Kirchen betreten. Häufig wird dann die Frage gestellt, ob und wo man darüber Einzelheiten nachlesen kann. In zahlreichen älteren und neuen Schriften sowie in mehreren verschiedenen Archiven und Büchereien liegen sie verstreut. Um dem einzelnen Bürger das umständliche und zeitaufwendige Suchen zu ersparen, ergab sich der verständliche Wunsch, diese Lücke durch eine Druckschrift zu schließen.

Die sakralen Kunstdenkmäler auf Pellworm geben Zeugnis einer sich über 800 Jahre erstreckenden Entwicklung menschlicher Schaffenskraft – trotz der überwiegend zerstörend wirkenden Naturkräfte in dieser ungewöhnlich gefährdeten Küstenregion. Etwa 150 schwere und sehr schwere Sturmfluten bedrohten und überschwemmten immer wieder das flache und niedrig gelegene Land. Die heutige Insel ist ein Rest der vernichteten großen Insel Alt-Nordstrand; ihre Grenzen bestehen erst seit ungefähr 200 Jahren.

Eine Schilderung der Kunstschätze auf Pellworm bedeutet deshalb zugleich ein Rückblick in die Geschichte der Insel. Daß in den schriftlichen Aufzeichnungen sowohl sagenhafte und phantastische mündliche Überlieferungen als auch der Wirklichkeit entsprechende Darstellungen zu finden sind, braucht uns nicht zu wundern. Die methodische, kunstgeschichtliche Bestandsaufnahme der Bau- und Kunstwerke, die für die Alte Kirche und Neue Kirche auf Pellworm in den „Kunstdenkmälern des Kreises Husum" (1939) und in der „Kunst-Topographie Schleswig-Holstein" (1969) veröffentlicht worden ist, erhält somit einen besonderen Rang. Sie wurde in jüngster Zeit durch mehrere umfassende und vergleichende Untersuchungen vortrefflich ergänzt.

Die Alte Kirche, die dem St. Salvator geweiht ist, hat für die spätromanische Zeit in kunsthistorischer und ästhetischer Hinsicht eine über den Bereich Nordelbingens hinausgreifende Bedeutung. Der markante gotische Turm, der schon fast 400 Jahre als Ruine das beherrschende Wahrzeichen der Insel und Nordfrieslands bildet, war von Anfang an ein wichtiger Wegweiser für die Schiffahrt. Das rote, verwitterte Kulturdenkmal hat man schon früh in das Pellwormer Wappen aufgenommen.

Aus der vorreformatorischen Zeit stammen die Flügelaltäre in beiden Kirchen; es handelt sich um hervorragende Holzschnitzwerke und kostbare Malereien. Aber auch an anderen Gestaltungselementen erkennt

9

man das kunsthandwerkliche Können der Meister vor allem der Spätgotik und der Renaissance.

Natürlich sind die Gebäude und deren Ausstattung im Laufe der Jahrhunderte mehr oder weniger verändert worden, mehr bei der Durchführung von notwendigen Reparaturen als zum Beispiel durch die Reformation. Man wird Verständnis dafür aufbringen können, wenn dabei auch modische Zeitströmungen einflossen.

Eine Besonderheit liegt vor in der Tatsache, daß in beiden Kirchen sakrale Kunstschätze bewahrt werden, die aus den untergegangenen Kirchspielen Ilgrof, Buphever und Osterwohld der großen Insel „Strand" (Alt-Nordstrand) gerettet wurden.

Die Beschriftung der Ausstattungsgegenstände und der alten Grabsteine finden wir in lateinischer, hochdeutscher oder niederdeutscher Sprache, jedoch in keinem Fall in friesisch oder dänisch.

Die Arp-Schnitger-Orgel von 1711 in der Alten Kirche ist erst in letzter Zeit zur Geltung gekommen, nachdem man sie 1954 grundüberholt hat und ihr den ursprünglichen, schönen Klang wiedergegeben hat. Die regelmäßigen Sommerkonzerte erfreuen sich außerordentlicher Beliebtheit.

Die rückläufigen Bevölkerungszahlen aus der Zeit der Pellwormharde bis in die Gegenwart (rund 1200 Einwohner) hatten zur Folge, daß die Kirchengemeinde sich den jeweiligen Verhältnissen anpaßte. Für beide Kirchen ist eine Pfarrstelle geblieben; die Insel verfügt heute nur noch über eine Kirchengemeinde, deren Vorstand den Bestand an Kirchengut zu sichern und die vorhandenen Kirchenschätze zu pflegen hat.

Wegen des Fremdenverkehrs in dem Nordseebad Pellworm schuf die Römisch-Katholische Kirchengemeinde Nordstrand vor wenigen Jahren eine Begegnungsstätte; die darin eingebrachten Kunstschätze stammen aus der Jetztzeit.

Die vorgelegte Schrift wurde reich bebildert, um die verschiedenartigen Richtungen der Kirchenbaukunst und die reichhaltigen sakralen Kunstgegenstände anschaulich darzustellen.

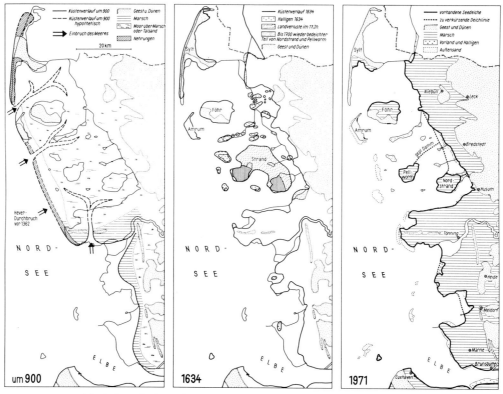

Abb. 1. Verschiebung der Küstenlinie im Laufe der Jahrhunderte (nach Muuß/Petersen 1971)

11

Die Bauwerke
als Kunst- und Kulturdenkmale

Die Quellen über die Anfangszeit des Kirchenbaues etwa um 1150 bis 1200 n. Chr. lassen sich nur spärlich zum Fließen bringen. Die nordfriesische Marsch war zwar als fruchtbares Land rund vierhundert Jahre zuvor besiedelt worden. Aber die Landschaft hatte ein völlig anderes Gepräge im Vergleich zu heute (Abb. 1). Wir haben uns viele unregelmäßig und mehr oder weniger zufällig aus der Pflanzendecke ausgespülte Priele und Rinnsale vorzustellen, die sich täglich bei jeder Flut mit salzigem Meerwasser füllten und bei Ebbe wieder entleerten. Deiche gab es noch nicht. Sie waren nicht erforderlich. Die Küstenforschung konnte nachweisen, daß der Meeresspiegel damals sehr viel niedriger gelegen hat, und daß Sturmfluten die Landnutzung und die zur ebenen Erde angelegten Wohn- und Wirtschaftsplätze kaum stören konnten.

Es liegt eine gewisse Tragik in der Tatsache, daß fast mit der Landnahme ein langsamer Anstieg der Nordsee einsetzte, der bis heute noch andauert. Da man diesen Naturvorgang nicht mit bloßem Auge wahrzunehmen vermag, kann man ihn als eine Art schleichende Krankheit bezeichnen.

Nach Überschwemmungen sah man sich nach und nach genötigt, die Wohn- und Wirtschaftsräume gegen Hochwasser zu sichern, indem Erdhügel aufgeschüttet wurden, die dann von Generation zu Generation um ein entsprechendes Maß erhöht werden mußten. Wegen der zweihundert Warfen auf Pellworm, die noch größtenteils bewohnt sind, gilt die Insel als typische Warfenlandschaft.

Schließlich sahen sich die Bewohner veranlaßt, ihre Wirtschaftsflächen gegen häufiger eintretende Sturmflutschäden durch Erdwälle zu schützen; mit ihren damals noch sehr einfachen Durchlässen in den Prielen sind sie die Vorläufer unserer heutigen Deiche und Siele, die wegen der laufend stärker werdenden statischen und dynamischen Kräfte immer widerstandsfähiger gebaut werden mußten.

Mit dem Vordringen der Nordsee in die nordfriesische Marsch war eine großräumige Zerstörung der Landschaft verbunden. Auf weiten Flächen vollzog sich ein Wandel von landwirtschaftlichen Nutzflächen in ausgedehnte Schlick- und Sandwatten. Dabei fielen ebenfalls bedeichte Gebiete dem räuberischen Zugriff der immer heftiger angreifenden Nordsee zum Opfer. Die Folge von zerschlagenen Deichen waren Landverluste; so mußten die Inselbewohner zum Beispiel noch vor rund zweihundert Jahren den gesamten Seedeich

Farbabb. 1. Pellworm. Blick über das Pastorat auf Kirchwarf mit Turmruine, Friedhof, Heimat für Heimatlose, Pütten (Boden-entnahmestellen) Seedeich und Wattenmeer (Luftaufn. freigeg. Nr. SH 936-105)

Farbabb. 2. Alte Kirche von Südosten

vom Nordwesten über Westen nach Südwesten auf die jetzige Linie des Landesschutzdeiches zurückverlegen – bis nahe an die Warf mit der Alten Kirche heran (Abb. F1).

Bevor wir uns dem eigentlichen Thema zuwenden, fügen wir eine kurze Bemerkung zur Schreibweise und Bedeutung des Namens Pellworm hinzu. Mit der Schreibweise nahm man es in früheren Jahrhunderten nicht so sehr genau, wie die Unterschiede im Schrifttum zeigen: Pilwirmungesharde, Pylwaernhaereth, Pylwerum, Pylwurmharde, Pylwormharde, Pelworm Herde, Pelwormica Harda und ferner Pellwerem, Pellwerm, Pelwerm, Palverm, Pohlworm, Pilwurm, Pilworm (Abb. 2), Pillwormb, Pillworm, Pilleworme, Peleworm und schließlich Pellworm. In der landläufigen Aussprache liegt die Betonung auf der zweiten Silbe. Piel wird als Knöterich, pyll als Pfuhl, pill auch als kleine Bucht, Kanal gedeutet. In weerem, -werum erkennt man das Wort Wehr, Schutz.

Die Alte Kirche

Kirchengebäude

Der Standort der Großen Kirche, wie sie bis ins 17. Jh. genannt wurde, soll bald nach der Besiedlung der Pellworm-Harde (ca. 800 n. Chr.) als heidnische Kultstätte eingerichtet worden sein. Die Harden waren Verwaltungsbezirke. Die ausgesprochen verkehrsfeindliche, durch Gewässer stark zergliederte Gegend und die anfangs noch verhältnismäßig schwache Bevölkerungsdichte dürften die Gründe dafür gewesen sein, daß zusätzlich zu der Hauptkirche, der Großen Kirche, mehrere kleinere Capellen in Holzkonstruktion entstanden.

In den sehr schweren Sturmfluten, vor allem in den Jahren 1362 und 1634, die bis auf den heutigen Tag wegen der grausamen Ereignisse als „Mandränken" in Erinnerung geblieben sind, wurden auch ganze Kirchspiele mit ihren Kirchengebäuden und Capellen zerstört und verlassen. Chronisten berichteten über die Katastrophenflut des Jahres 1634, daß darin rund 6000 Bewohner der großen Insel Strand (siehe Abb. 2) ertrunken sein sollen und neunzehn Kirchen hätten aufgegeben werden müssen. Lediglich die Alte Kirche und die Neue Kirche auf Pellworm und die Kirche Odenbüll auf Nordstrand blieben verschont. Die in

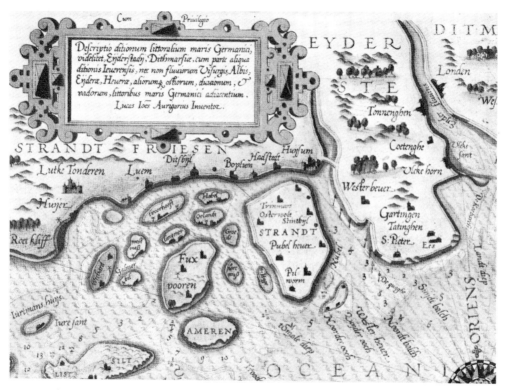

Abb. 2. Ausschnitt aus der Karte über die Inseln und die Nordseeküste in L. J. Waghenaers Atlas „Spieghel der Zeevaerdt", Leiden 1586

14

ihrer Wirkung so verheerenden Sturmfluten sind im Hinblick auf den Wasserstau über „Ordinär" oder über der „Gewöhnliche Flut" (dem heutigen Mittleren Tidehochwasser, MThw) nachweislich mit den großen Fluten unserer Tage (1962 und 1976) vergleichbar.

Da die Warfkuppe, auf der die Alte St. Salvator-Kirche steht, einerseits zu NN +4,90 m vermessen ist und damit immer noch um zwei bis drei Dezimeter über den absolut höchsten Sturmflutwasserstand herausragt und andererseits das MThw bei Beginn des Kirchenbaues um mehrere Dezimeter niedriger gelegen hat, muß man den Planern der Großen Kirche bescheinigen, daß sie in weiser Voraussicht keine Mühen und Kosten gescheut haben, um den künstlichen Erdhügel für die Hauptkirche der Pellwormharde schon damals auf eine für Jahrhunderte sturmflutsichere Höhe zu bringen. Unser Rückblick gestattet demnach festzustellen, daß in dieses sakrale Bauwerk seit seines Bestehens kein Meerwasser eingedrungen sein kann.

Neben der Höhe der Kirchwarf fällt die Größe auf: hier wurde Platz geschaffen für das 52 m lange Kirchengebäude, für den Friedhof und die Küsterschule sowie für den Kirchspielskrug und ein Bauerngehöft. Bevor mit dem Kirchenbau begonnen werden konnte,

mußte der über dem setzungempfindlichen Boden aufgetragene Erdkörper gut abgelagert gewesen sein.

Um das Jahr 1000 n. Chr. hatte sich das Christentum im ganzen Norden ausgebreitet. Wegen der Beschwernisse, die sich aus der Randlage der nordfriesischen Marsch ergaben, drang die Christianisierung hier zwar um etliche Jahrzehnte später vor. Man begnügte sich mit schlichten Holzkapellen.

Erst im 12. Jahrhundert setzte dann der Bau von Backsteinkirchen ein: in Neumünster 1126, Segeberg 1134, Oldenburg i.H. 1149, Lütjenburg 1156, der Lübecker Dom 1173 und die Altenkremper Kirche 1190.

In der Übergangsphase zur Backsteinbauweise bedienten sich die Kirchenbaumeister vorzugsweise des rheinischen Tuffs. Der Stein läßt sich gut bearbeiten. Die Transportfrage war insofern einfach zu lösen, als die Frachtschiffe, die Getreide bis an den Rhein gebracht hatten, für die Rückreise oftmals Tuffsteine als Ballast an Bord nehmen konnten.

Voraussetzungen für die Einführung und Weiterentwicklung des Kirchenbaues waren sowohl der ausgedehnte Machtbereich der dänischen Könige über Skandinavien und bis nach England hin als auch die Möglichkeit, die in größerer Menge benötigten Steine an Ort und Stelle aus Lehm zu formen und zu brennen. Die Verwendung solcher neuen Bauelemente kam in hervorragender Weise der Konstruktion massiver Kirchen in der steinlosen Marsch zugute.

Daß die dänischen Könige auch andere Großbauten in Backstein herstellen ließen, bezeugt die von 1182 bis 1202 errichtete Waldemarmauer im Danewerk. In die 3700 m lange Wehranlage (2–2,5 m breit und 6–6,5 m hoch) sind rund 50.000 Kubikmeter Ziegel verarbeitet worden. Die Brennöfen für die Ziegelproduktion standen in den benachbarten Dörfern Schuby und Husby.

Die ersten Backsteinkirchen in Nordfriesland entstanden um 1200 n. Chr. in größerer Zahl: in Boldixum/Föhr, Bordelum, Breklum, Drelsdorf, Hattstedt, Joldelund, Keitum/Sylt, St. Laurentius/Föhr, Mildstedt, Morsum/Sylt, Neukirchen, Nieblum/Föhr, Odenbüll/Nordstrand, Schobüll, Tating, Tönning. Dazu gehört auch die Alte Kirche auf Pellworm.

Bei der Planung der weit nach Westen angeordneten Hauptkirche der Pellworm-Harde wird schon bei der Wahl des Standortes neben der eigentlichen Aufgabe eines Gotteshauses der Gedanke an die Schaffung eines weithin sichtbaren Seezeichens für die Schiffahrt und sehr wahrscheinlich auch einer Zufluchtstätte erwogen worden sein. Die fast geradlinige Verbindung von Keitum über Nieblum nach der Alten Kirche auf Pellworm und weiter nach Tating in Eiderstedt soll nach G. Carstens (1982) bereits bei dem „planmäßigen Aufbau der heidnischen Heiligtümer" im nordfriesischen Raum bestanden haben. Spuren von den alten Opferplätzen oder von den ersten Holzkirchen sind nicht mehr vorhanden.

Pastor Heinrich Hansen schreibt 1917: „So viel scheint festzustehen, daß das Christentum bei den Nordfriesen später als anderswo Eingang fand, nämlich um das Jahr 1000, als Knut der Große (1018–1035) in Dänemark König war. Um jene Zeit sind die ersten Kirchen in Nordfriesland gebaut worden. Diese Knutkirchen, wie man sie genannt hat, waren mit Bleidach versehen. . . Der Baumeister der Alten Kirche auf Pellworm soll zu gleicher Zeit den Bau der Kirche St. Johannis auf Föhr und der Kirche St. Severin auf Sylt geleitet und den Weg zwischen diesen Baustellen zu Pferde zurückgelegt haben; diese Überlieferung ist immerhin interessant, insbesondere weil sie uns zeigt, wie das Meer seitdem so viel verändert hat."

Die mit Blei gedeckten Knutskirchen stammen nicht aus der Frühzeit des Christentums in Nordfriesland, denn die massive Bauweise war damals noch nicht in dieser Gegend bekannt. Als Knut IV. (1182–1202) Blei aus England einführte, deckte man damit die neuen Steinkirchen. Im Jahre 1547 verkaufte der König die Alte Kirche an die Gemeinde.

Die Mitteilung von A. Heimreich (1666) nach J.A. Cypraeus (1634), das „Fundament des Thurmes ist auff Urbani Anno 1095 geleget und derselbe 100 Ellen hoch aufgeführet worden", ist nach heutiger Kenntnis so zu verstehen, daß der Tag der Gründung des Turmes für einen früheren, wahrscheinlich auch hölzernen Turm gelten mag; die Angabe über die Höhe (etwa 60 m) bezieht sich offensichtlich auf das ursprüngliche Maß des Backsteinturmes, von dem die Ruine übriggeblieben ist.

Die Kunsthistoriker, die die Baumerkmale der Alten Kirche mit denen an anderen Kirchen aus jener Zeit vergleichen, erkannten die ersten Bauabschnitte als der romanischen Kunst zugehörig, die bei den katholischen Kirchenbauten noch bis in das 13. Jahrhundert üblich war. Der romanische Stil kommt u.a. an den Rundbogen (Abb. 3) und Säulen (Abb. 4) der vorchristlichen Architektur zum Ausdruck. Er wird von der Mitte des 12. Jahrhunderts an – etwa gleichlaufend mit den Fortschritten bei der Backsteinherstellung und deren Verwendung zu kühnen Gestaltungsformen – allmählich von der Gotik abgelöst. Spitz nach oben gerichtete Fenster, hohe Hallen und aufstrebende Türme gelten als typische Kennzeichen

Abb. 3. Alte Kirche, romanisches Fenster an der Südwand

17

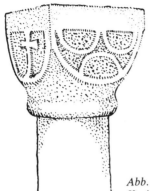

Abb. 4. Alte Kirche,
Kapitell am Südportal

bietet in den verschiedenen Strichlagen die Möglichkeit, die Geschichte des Baudenkmals in der Zeichnung abzulesen. Man wird Ende des 12. Jahrhunderts zunächst die Apsis und den Chor hergestellt haben; dann folgte der Bau des Saales (Kirchenschiff) und zuletzt der des Turmes. Die Bauzeit muß sich über mehrere Jahrzehnte erstreckt haben, denn die ursprüngliche Form von Apsis und Chor, teilweise auch des Saales, gehört noch dem romanischen Baustil

Abb. 5. Kirchspielssiegel der Pellwormharde. Umschrift:
SIGILLUM PAROCHIANORUM IN PILLWORM. Das silberne Siegel zeigt die Halbfigur Muttergottes mit Strahlenkranz über einer Mondsichel. Sie hält das Jesuskind auf dem Arm. Die nach unten offene Mondsichel umschließt 2 Löwen übereinander, Stiftung des obersten Geistlichen (Rektor) Hinrich Drope um 1480.

der gotischen Kunstrichtung. Auch bringt die Schnitzkunst seit der Ausbreitung des Christentums zum ersten Male wieder vollkörperliche Figuren hervor.

Die unterschiedlichen Entwicklungsstufen und Stilepochen kann man an den Bauteilen der Alten Kirche und an den Kunstgegenständen darin recht gut erkennen und betrachten.

Das Bauwerk ist planmäßig als Hauptkirche der Parochie (Abb. 5), das heißt des Kirchspiels, unter Berücksichtigung der technischen Möglichkeiten jener Zeit errichtet worden mit Apsis, rechteckigem Chor, Schiff und Turm (Abb. 6). Der abgebildete Grundriß

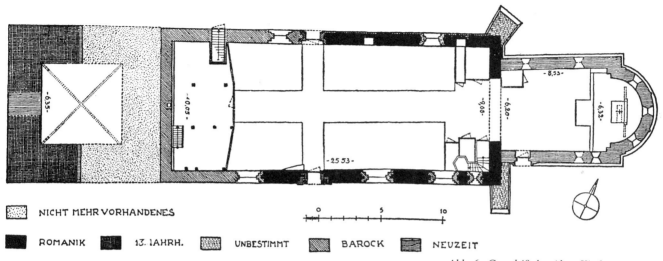

NICHT MEHR VORHANDENES

ROMANIK   13. JAHRH.   UNBESTIMMT   BAROCK   NEUZEIT

Abb. 6. Grundriß der Alten Kirche

an, der Turm ist dagegen erst in der gotischen Stilepoche entstanden.

Über das Fundament der Kirchenmauern enthält die Chronik der Alten Kirche, als der Muschelsteig an der Südermauer angelegt werden sollte, folgendes Ergebnis einer am 21. Juni 1887 durchgeführten Untersuchung: „Unterhalb der Rotsteinmauer liegt also ein Fundament mit einer Dicke von 3½ Fuß. Unter der untersten Rotsteinschicht liegt eine dünne Sandschicht, dann weiter nach unten Schutt, besonders Kampen." Über diese Schicht aus Schutt und Muschelschalen wurden keine Maße angegeben.

19

Abb. 7. Darstellung der Turmruine im Bericht von Balemann u.a., 1836

Turm

Für die Standsicherheit des Turmes ist noch eine Eintragung in der Chronik interessant: „Nach Aussage der zwischen 70 bis 90 Jahre stehenden Leute traf man 1839, als die Westseite des Turmes eine Verblendung erhielt und auch das bis dahin im Westen im Turme vorhandene Portal zugemauert wurde (Abb. 7 u. 8), beim Graben unterhalb des Turmes auf eine gewaltige eiserne Tür. Dieselbe führte in ein mächtiges, zum größten Teil zugeschüttetes Gewölbe, daher man in dasselbe nicht weiter eindringen konnte, und dasselbe nicht räumen wollte, weil man für den Turm fürchtete". Dieser Hinweis bedarf der Überprüfung. Es ist unwahrscheinlich, daß die Steinmasse auf Pfählen oder auf einem Balkenrost steht.

Wie der obere Teil des Turmes einst gestaltet worden ist, kann man vorerst nur vermuten. Professor Haupt skizzierte die Abbildung 9. Er hielt also ein hohes spitzes Dach auf dem Turm für möglich.

Bis heute besteht noch Unklarheit darüber, wie der massige, für den wenig tragfähigen Marschboden außergewöhnlich schwere Steinkoloß wirklich gegründet worden ist. Möglich ist, daß der Turm auf einer breiten Feldsteinlage, wie bei derartigen Bauten auf der Geest, ruht oder daß eine entsprechende Lage aus Tuffsteinen oder Backsteinen oder aus einem Gemisch beider Steinarten hergestellt wurde. Unklar ist auch, ob das Fundament auf der abgelagerten Warf oder unmittelbar auf den gewachsenen (angeschwemmten) Kleiboden mit nachträglicher Aufschüttung der Warf im Westen angeordnet wurde.

Während der ersten drei Jahrhunderte hatte man sich wenig um die Instandhaltung des Turmes gekümmert. Der Landesherr, Herzog Adolf, verlangte im Jahre 1585, daß der wohl baufällige, aber noch nicht eingestürzte Pellwormer Turm „bei nächster Gelegenheit wieder aufgebaut werden" müsse (A. Lang, 1965). Dafür sollten die Überschüsse der Einnahmen an Tonnen- und Bakengeldern Husums verwendet werden. Diese Art der Finanzierung blieb jedoch ohne Wirkung; denn im Jahre 1603 hieß es, die Bauernschaften des Kirchspiels sollten vom Husumer Tonnen- und Bakengeld befreit werden und dafür das Recht verliehen bekommen, ein „Turmgeld" von den Schiffern zu erheben, damit sie selber ihren Turm, soweit dieser für die Seefahrer nützlich und notwendig sei, unterhalten könnten. Diese Verfügung war im Hinblick auf die praktische Durchführung reichlich kompliziert, so daß selbst die dringendsten Reparaturarbeiten unterblieben sein dürften.

Schon wenige Jahre später, am 5. April 1611, stürzte der östliche Teil des Turmes in sich zusammen

Abb. 8. Turm der St. Salvatorkirche auf Pellworm

21

Abb. 9. Die mutmaßliche frühere Gestalt der Alten Kirche mit Turm nach R. Haupt, 1866

22

Überbleibsel

von Christel Lorek

Weit sichtbar übers Meer
die mächtige Turmruine
auf Pellworm
die dennoch nur ein Teil
des Turmes der alten
eingestürzten Kirche ist.

Und solche Kirchen gibt es
von Nord bis Süd zur gleichen
Zeit entstanden
auch auf Nachbarinseln.

So große Steine konnte
niemand dorthin schaffen.
– Es sei denn daß die Küste
früher anderswo verlief. –
Das hätte auch dem Baumeister
die Aufsicht über jene Kirchen
am gleichen Tag jeweils
zu Pferd ermöglicht. –
Wie es die alte Chronik schreibt.

Jene Inseln sind
Überbleibsel der Sturmflut:
auf einen Punkt
gesammelte Zuversicht.

und begrub das westliche Ende des Kirchenschiffes. Der Pellwormer Organist und Schullehrer Johann Gudeknecht berichtete im Jahre 1645 über dieses denkwürdige Ereignis: „Anno 1611. den 5 April is de Ostermuhre gantz, und de beide sidtmühren half neddergefallen, und ein gudt dehl mit der Kerken herunder geschlagen, darup den 9. Maj de Spitze fam thorne /: so 100 ehlen hoch gewesen:/ mit 2 Kröpelwinden /: so up des H: Pastoren warf gestanden :/ is herundergewunden, unde Anno 1612. sin de Benke in der Kerken ferferdiget und de Kerke wedderumme gedekket."

Das Inventarium der Alten Kirche von 1763 gibt eine Beschreibung der Ruine und folgende Anmerkungen: „Der Thurm selbst besteht aus vier Absätzen, und jeder Absatz wird der Breite des Thurmes gleich gesetzt, da dann die Höhe desselben nach itzo 60 Ellen betragen würde. – Der Thurm ist von lauter großen gebrannten Steinen aufgeführt. Unten am Fuße nach Westen ist eine gewollte Öffnung durch die Mauer als eine Thüre, und über dieser Thüre ist ein Feldstein eingemauert, auch sind oben an der Mauer noch Stükken Bley gut und wieder zu sehen. Es soll derselbe vor alters noch drei Absätzen höher gewesen seyn, weil sich aber See-Räuber mit ihrem Geschütz darin aufgehalten haben, so soll die Mauer von dem Schießen geborsten seyn, daß also die Spitze hat müssen herab-gewunden werden. . . Es kann demnach dieser Thurm wegen seiner Höhe sehr weit in die See hinaus gesehen werden, und dienet daher den Seefahrenden auf dem Hever-Strohm und der Schmalen Tiefe, ihre Schiffahrt darnach zu richten. . . In dem Thurm sind viele kleine Löcher und Höhlen, fallen auch von Zeit zu Zeit Steine heraus, in welchen Oefnungen dann eine große Menge Dohlen, einige Sperber, Tauben und Spreen nisten und darin sich beständig aufhalten."

Über die Ursache des Einsturzes gibt es bisher nur mehr oder weniger glaubhafte Ansichten. Die Turmruine ragt seitdem – kaum verändert – etwa 26,5 m über die Warf hinauf. Wenn sich auch die an der

Seefalke

von Heinrich Hansen

An Pellworms Gestade
ragt ein alter Turm,
grauer Vorzeit Zeuge,
trotzend jedem Sturm;
im Gemäuer hausen
Falken kühn und wild,
kecken Friesenmutes
ein wahrhaftig Bild.

Ziehe, edler Falke
über Land und Meer
deine stolzen Bahnen
freien Blicks daher!
Laß die Winde schwellen
deine kühne Brust,
hoch ob dem Gemeinen
schweb' voll Freiheitslust!

23

Warfoberfläche 3 m dicke Mauer nach oben auf etwa 1,6 m vermindert, so würde das Gewicht von schätzungsweise 1800 Tonnen des ursprünglichen Turmes bis zu dieser Höhe allein auf einer Grundfläche von rund 150 qm eine Belastung von mindestens zwölf Tonnen je qm betragen. Nach den erdbauphysikalischen Erkenntnissen bedeutet dieses Gewicht eine eindeutige Überbelastung des Untergrundes.

Vielleicht kann ein Blick auf ähnliche Bauwerke aus der damaligen Zeit gewisse Hinweise geben über die Gründung des Turmes der Alten Kirche. Da wäre zunächst der Turm zu Ritzebüttel an der Unterelbe zu nennen, der ebenfalls auf einer Warf steht. Der Grundriß hat die Außenmaße von 13,5 x 18,5 m; er ist also noch größer. Die Grundmauern erreichen eine Dicke von sogar 3,5 m. Bis zum Zinnenkranz hat der Turm eine Höhe von 21 m. Hinzu kommen noch 9 m für den Dachstuhl. „Die Errichtung des Ritzebüttler Turmes als Ziegelbauwerk kann hiernach frühestens gegen Ende des 12. Jahrhunderts angenommen werden" (Waller, 1952).

Ein weiterer Vergleich bietet sich an in dem Leuchtturm Neuwerk an der Elbemündung. Er wurde von Hamburger Kaufleuten mit Unterstützung der Hansestadt Lübeck fast zur gleichen Zeit auf einer Warf in Backstein gebaut. Waller beschreibt das nahezu 30 m hohe Bauwerk: „Die 2,80 m dicken und 3,50 m breiten Außenmauern ruhen auf einem festen Fundament aus ungefügen Felsblöcken, das sich über 3 m tief in den Boden erstreckt, und das auf einem doppelten Schwellrost aus 30 zu 30 cm starken Balken, die kreuzweise übereinander gebettet sind, ruht. In gleicher Höhe mit dem anstoßenden Gelände der Hochstelle liegt der Fußboden des Kellers. Ein dreischiffiges Kreuzgewölbe, dessen romanische Bogen ohne Stützen in die tragenden Pfeiler einlaufen, trägt die gemauerte Decke und damit den Fußboden des darüberliegenden Saales. Dieser enthält ein ebenso gegliedertes Deckengewölbe wie der Keller, aber die Bogenhöhe mit 3,50 m übertrifft diejenige des Kellers um einen Meter (Abb. 10). . . Im Gegensatz zu den gemauerten Grundgewölben sind die oberen Stockwerke durch Holzdecken voneinander getrennt."

Da der Ritzebüttler Turm auch von einem Gewölbe (Abb. 11) getragen wird und man 1839 bei Vorarbeiten für eine größere Reparatur an der Turmruine der Alten Kirche „ ein mächtiges, zum großen Teil zugeschüttetes Gewölbe" gefunden hat, dürfte der Gedanke naheliegen, daß die Planung dieser drei Bauwerke aufeinander abgestimmt gewesen sein könnte, zumal ihre Zweckbestimmung als Landmarken für die Schiffahrt von vornherein bedacht worden ist.

Abb. 10. Neuwerk bei einer Sturmflut – Turm mit Leuchtfeuer, daneben Schulhaus, 1850 (nach Lehe 1952)

25

Abb. 11. Romanisches Kellergewölbe im Ritzebüttler Turm

Über den Turm von Neuwerk befinden sich ungewöhnlich reichhaltige Urkunden von der ersten Planung an bis zur Beendigung der Bauarbeiten im Jahre 1310 vor allem im hamburgischen Staatsarchiv.

Der einst große Bestand an Denkmälern der mittelalterlichen Sakralbaukunst Ostfrieslands ist nach H. Thümmler (1955) „im Laufe der Zeit stark dezimiert worden, sei es, daß die Kirchen wegen Baufälligkeit oder gar nur wegen zu hoher Unterhaltungskosten abgebrochen oder verkleinert wurden, sei es, daß man wegen des schlechten, oft erst künstlich angeschütteten Baugrundes in diesem Niederungsgebiet die schweren Steingewölbe wieder entfernen oder den Turm abtragen mußte."

Hervorgehoben wird die Kirche in Marienhafe mit ihrem sechsgeschossigen Westturm, die man aus stilistischen Gründen in die letzte Periode der Spätromanik um 1250/60 einordnet. Sie ist 1829 abgebrochen und dann durch einen Neubau ersetzt worden.

Ein anderes Beispiel stellt die Andreas-Kirche in Norden dar, die in der zweiten Hälfte des 13. Jahrhunderts errichtet und im 18. Jahrhundert bereits wieder beseitigt worden ist, nachdem das Bauwerk schon im 16. Jahrhundert eingestürzt war. Die Abbildung 12 läßt die Ähnlichkeit mit der Pellwormer Turmruine erkennen. Hier wie dort erwähnen die Chronisten,

Abb. 12. Die Andreaskirche in Norden/Ostfriesland, 1618 (nach Thümmler 1955)

daß die Einwohner die Ruinen als Steinbrüche benutzten und viel Material zum Bau ihrer Häuser geholt haben. Für Pellworm wurde dies 1702 schließlich durch obrigkeitlichen Befehl verboten.

Das gleiche Schicksal wie der Turm in Norden erlitt die große Kirche von Midwolde im östlichen Bereich des westfriesischen Groninger Landes. Sie ist nach jahrhundertelangem Ruinenzustand im 18. Jahrhundert abgebrochen worden.

Wie weit der wuchtige Turm vom Dom in Ribe an der dänischen Westküste, der ebenfalls um 1200 in Backstein errichtet worden ist (J.P. Trap, 1864), zum Vergleich herangezogen werden kann, wäre noch zu untersuchen.

Geht man davon aus, daß die Fundamente des Ritzebüttler, des Neuwerker und des Pellwormer Turmes gleich sorgfältig hergestellt wurden, so könnte die Ursache für den Einsturz des Pellwormer Turmes auch darin liegen, daß unter der Warf ein verlandeter und daher nicht erkennbarer Priel mit verhältnismäßig weichem Boden (mehr Klei- und organische Bestandteile als Sand) vorhanden sein könnte, so daß dann die ungleiche Tragfähigkeit des Baugrundes zu ungleichen Setzungen und schließlich zum Einsturz des Bauwerks führen mußte.

Die Standsicherheit ist abhängig von der Qualität des in die Warf eingebauten Baustoffes (falls der Turm auf die Warf aufgesetzt wurde), von der Zusammendrückbarkeit des tieferen Untergrundes und von der Schichtdicke des Bodens, der sich stark verdichten und zusammenpressen läßt. Schichtenverzeichnisse und Bodenproben aus Aufschlußbohrungen standen mit Sicherheit nicht für die Beurteilung solcher Fragen zur Verfügung. Auch kannte man keine Laboruntersuchungen, um Bodenkennzahlen zu erarbeiten.

Wenn die Warf im Laufe von Jahrzehnten allmählich aufgehöht worden ist und auch die Herstellung der Backsteine und deren Einbau in den Turm bis zur endgültigen Höhe etliche Jahre gedauert haben mag, dann konnte sich der allmählich schwerer werdende Baukörper zunächst langsam setzen, ohne Schaden zu leiden. Bekanntlich kann aber der Untergrund der Marsch unter schwerer Last noch jahrhundertelang nachgeben, bis die Zusammenpressung des Bodens endlich abgeschlossen ist.

Ob die Zeitangabe von A. Heimreich in der Nordfriesischen Chronik von 1666 für die Grundsteinlegung des Turmbaues zutreffen kann, müssen wir heute bezweifeln. Er stützt sich auf Berichte von M. Boetius (1623) und J.A. Cypraeus (1634) und schreibt, das „Fundament des Thurmes ist auff Urbani Anno 1095 geleget". H. Hansen (1861–1940) äußerte bereits die

St. Salvator auf Pellworm

von L. Thoms

Im Spadelande ist kein Turm so hoch,
Nach vielen hundert Jahren ragt er noch
Aus grünem Eiland und der See empor
Und lauscht wie einst der Wellen trautem Chor.
Er wankte nicht, als sich die salze Flut
Ins Land gewälzt, vernichtend Gut und Blut,
Den Strand zerriß und alles niederzwang –
Ein mörderischer, jäher Untergang.

Um seine Mauern wütete die Pest,
Cort Wideriks verwunsch'nes Räubernest
Entweihte ihn und schändete den Ort,
An dem man Gott gelobt in Sang und Wort.
Gebrochen war der Friesen Widerwehr,
Der Schrecken lauerte auf Strand und Meer.
Manch stolzes Schiff fiel in des Häschers Hand,
Und Schaudern ging von ihm ins Friesenland.

Er war dereinst dithmarscher Räuber Trutz,
Bot Bettlern gar und den Zigeunern Schutz.
Dann leuchtete weithin in Nacht und Sturm
Laternenlicht von dem geborst'nen Turm.
Doch Täuschung war's verirrtem Schiffer nur,
Zur Strandung führte dieser Lockung Spur.
So ist manch' Schiff aus einer fremden Welt
Zu frecher Tatern Beute hier zerschellt.

Dann kam mit Grausen die Oktobernacht!
Ein Sturmwind trieb mit ungestümer Macht
Zerstörend über's Land das wilde Meer,
Und Schrei und Jammer gellten um ihn her.
Was vom Zigeunerweibe prophezeit,
Ward Gram und grauenvolle Wirklichkeit.
Doch die es sprach mit spottverzücktem Mund,
Grub man lebendig ein in seinen Grund.

Im Spadelande steht kein Turm so weit
Und weltverlassen in der Einsamkeit.
Es schrieb die Zeit ihm Runen ins Gestein,
Geschlechter gehn, doch er wird immer sein!
Altfrieslands Zeuge bleibt er immerdar,
Er weiß vom Leid, das einst in Friesland war.
Längst hat des Friedens Stille ihn gekrönt
Und ihn mit allem Hader ausgesöhnt.

Ansicht, daß dies ein anderer Turm gewesen sein müsse als die Turmruine. Dieses Gründungsjahr würde besser für den Bau der Apsis und des Chors passen, die zunächst und aus rheinischem Tuff hergestellt worden sind. Die Bauzeit für den Turm auf Neuwerk dauerte zehn Jahre. Sollte man für die Errichtung des Pellwormer Turms fast ein Jahrhundert benötigt haben?

Hier stellen sich weitere Fragen: Wer war damals fähig, die Grote Kerken in so großzügiger Weise zu planen? Wird das Kirchspiel der Pellworm-Harde die erheblichen Baukosten alleine aufgebracht haben können? Wer kam als Geldgeber sonst noch in Betracht? Welche Rolle spielte dabei der dänische König? War die Kaufmannschaft im Hansebund an einer markanten Landmarke in dieser gleichmäßig flachen Ebene interessiert? Wer waren die Architekten und Baumeister? Wie wurde der riesige Bedarf an Backsteinen gedeckt? Gab es eine Ziegelfabrikation in der näheren Umgebung, vielleicht im heutigen Wattgebiet? Oder wurden die Steine in Schiffen herantransportiert?

Zu der Alten Kirche gehörte ein besonderer Glockenturm, wie dem Inventarium von 1763 zu entnehmen ist: „Nordost nur wenige Schritte von der Kirche stehet das Glockenhaus, welches von Holz gebauet und oben mit Spähnwerk oder Schiefer gedeckt ist. Es ist dasselbe in 4eck aufgeführt und jede Seite hat 13 Fuß. In demselben ist eine große gegossene Glocke, deren Diameter ist groß 4 Fuß 1 Zoll." Oben in dieser Glocke stehen die Worte „St. Margreth bin ich geheten, de van Pellworm mi het laten geten." Dieser Glockenturm soll im Jahre 1783 (nach Pastor Kruse 1794) durch ein Feuer vernichtet worden sein, das gleichzeitig die Organisten- und Küsterwohnung einäscherte.

Reparaturen

Unmittelbar nach dem Einsturz des Turmes, der den Westteil des Kirchenschiffes zerstörte, ist das Hauptgebäude wieder mit den Steinen des zusammengebrochenen Turmes instandgesetzt worden. Eine Reparatur des Turmes unterblieb jedoch bis 1839.

Im Schleswig-Holsteinischen Landesarchiv (Abt. 334 Nr. 221a) befindet sich der Bericht des Majors v. Lund „über den Zustand der alten Thurmruine auf Pellworm mit besonderer Rücksicht auf die zu verschiedenen Zeiten eingereichten Vorschläge zur Erhaltung dieses Thurmes" vom 30. Juli 1838 (vgl. hierzu Abb. 7 von 1836). In diesem sehr ausführlichen Bericht heißt es:

„Die Mauer ist gänzlich aus rothen 11–12 Zoll langen 5½ Zoll breiten und 4 Zoll dicken Mauersteinen aufgeführt, welche in mit Sand versetzten Muschel-kalk') vermauert sind. In der Mitte der massiven Mauer ist ein mit einem Gewölbe versehener Durch-gang vorhanden und befinden sich an allen Seiten des Thurmes einige Spuren von früher vorhandenen, durch etwa ½ Stein hervorspringende abgerundete Mauersteine gebildete Verzierungen.

Durch das gute Material, aus welchem diese alte Thurmruine erbaut und wovon der Mörtel sich nach und nach bis zur Steinhärte verhärtet hat, sowie die feste Fundierung ist diese Mauer im Stande gewesen, die Angriffe der Witterung zu widerstehen und alle während ca. 800 Jahren Statt gehabten Stürme zu trotzen. Nur der untere Theil der Mauer und nament-lich gegen Westen und Norden, hat von der eindrin-genden Feuchtigkeit und der Verwitterung bedeutend gelitten. . . Die Vertiefung am Fuße beträgt an der Nordwest-Ecke 2–3 Fuß, an der Südwest-Ecke 2–2½ Fuß und längs der ganzen Westmauer 1–1½ Fuß. Diese starke Verwitterung der Mauer verliert sich jedoch nach und nach, und erstreckt sich größtentheils nur auf eine Höhe von 6–8 Fuß. In dem übrigen Theile der West-, Nord- und Süd-Mauer sind viele Steine auf

') Joh. Petrejus weist 1597 auf die Verwendung von Muschel-kalk hin; in Husum hat man ihn noch bis etwa 1870 gebrannt.

½ Stein Länge verwittert, jedoch nur wenige auf einen ganzen Stein. Gegen Osten ist die Verwitterung der Mauer dagegen höchst unbedeutend, indem nur ein-zelne Steine auf ½ Stein ausgewittert sind. Außerdem leidet diese Mauer ganz bedeutend durch die von oben eindringende Feuchtigkeit und ist die ganze oberste Etage dadurch sehr beschädigt, indem das eindrin-gende Regenwasser sich in den daselbst vorhandenen Höhlungen sammelt, dieses wenn im Winter Frostwet-ter eintritt, das Mauerwerk zersprengt, und werden dann später durch eintretende Stürme die losgeworde-nen Steine herabgeworfen. Daß aber die durch die Angriffe der Zeit entstehende Vernichtung dieser Ruine nur langsame Fortschritte macht, geht aus dem Vorstehenden hervor, und ich muß daher die von dem Herrn Capitän v. Petersen geäußerte Meinung, daß dieser Thurm durch Anwendung nicht sehr kostspieli-ger Reparaturen für viele Jahre als Seemerke erhalten werden kann, völlig beitreten.

Die von Mehreren geäußerte Meinung, als wenn der Thurm eine Neigung gegen Westen haben sollte, wes-halb auch dessen Einsturz bei östlichen Stürmen am meisten zu befürchten wäre, kann ich nicht gänzlich beitreten. Bei allen von mir vorgenommenen Ablo-thungen habe ich diese Neigung des Thurmes wenig-stens nur höchst unbedeutend gefunden und glaube ich, daß die Ansicht der Thurm neige sich bedeutend gegen Westen, hauptsächlich eine, durch die nach unten stattfindende Aushöhlung der Mauer hervorgebrachte Täuschung ist. Jedoch gestattet die nach Norden, Westen und Süden schräg abgehende Dossierung des Werftes keine ohne große Vorkehrungen vorzunehmende Nachmessung der Lage des Thurmes, umso mehr, da auf Pellworm alle Mittel zur Ersteigung des Thurmes fehlen.

Bekanntlich ist diese Thurmruine die einzigste vorhandene Seemerke von dem Ausfluß der Eider bis zur Amrumer Seebake, also auf einer Strecke von ca. 7 Seemeilen, welche auf eine bedeutende Entfernung in der See gesehen werden kann und liegt ungefähr in der Mitte dieser Strecke, es geht daraus hervor, daß es gewiß für die Schiffahrt sehr wünschenswerth seyn muß, an dieser gefährlichen Küste, die wenigen daselbst vorhandenen Seemerken zu erhalten und würde dieser Thurm im Falle derselbe mit der Zeit einstürzen, sollte er, da er an Höhe von 100 Fuß über die Seefläche hat und also 2 Seemeilen von der Wasserfläche gesehen werden kann, nicht leicht durch eine andere Seemerke ersetzt werden können.

Dieses veranlaßt mich, nachdem ich die verschiedenen Vorschläge zur Erhaltung des erwähnten Thurmes geprüft habe, meine Ansicht auszusprechen, über wie dieser Thurm noch auf viele Jahre erhalten werden kann und welche Kosten hierzu erforderlich werden.

Der Vorschlag, welcher die Einfassung des Fußes der Nord-, West- und Süd-Mauer durch eine Kappe von Mauerwerk enthält, ist gewiß der einzig richtige, indem dieser darauf ausgeht, mit den möglichst geringen Kosten den Fuß des Thurmes gegen die fortwährende Einwirkung der Feuchtigkeit zu schützen.

Soll eine solche Reparatur bei diesem Thurme zur Ausführung gebracht werden, dann ist hauptsächlich darauf zu sehen, daß das neue Mauerwerk von solchen Materialien und dergestallt ausgeführt wird, daß die Deckung des Fußes möglichst lange die Witterung widerstehen kann, und eine Reparatur nicht wieder innerhalb 20–30 Jahren vorgenommen werden muß.

Es ist dennoch eine Hauptsache:

1. Die zur Deckung des Fußes der Mauer einzubringende Kappe möglichst gut, jedoch ohne Rammarbeiten, welche in der Nähe des Thurmes nicht ohne Gefahr für denselben ausgeführt werden können, zu fundieren. Dieses glaube ich durch in die alte Mauer hineinzulegende Rippen, welche mit mehr als die halbe Länge auf den alten Grund zu liegen kommen und nur 1 1/2 Fuß außerhalb der Mauer hervorstehen, auf welche wieder längs der ganzen Mauer ein Balken zu liegen käme, zu erreichen. Da nach dem Vor-

schlage die neue Mauer nur 1 Fuß außerhalb des alten Fundamentes hervortreten soll, so würde die auf den hinteren etwa 3 Fuß langen Theil dieser auf dem Fundament ruhenden Rippen aufgelegte Last, bedeutend größer als das Gewicht der Mauer, welche auf den vorstehenden etwa 1 Fuß hervorspringenden Theil aufgeführt würde, und folglich kein Versinken von dieser Mauer Statt finden können.

2. Wäre dieses Fundament der Mauerkappe wenigstens 2 Fuß unter der jetzigen Oberfläche der Werfte anzulegen, um zu verhindern, daß die Feuchtigkeit nicht unter das Fundament hineindringen und dieses bei eintretendem Frostwetter beschädigt werden.

3. Müßten zu der anzubringenden Mauerkappe wenigstens vorzüglich gut gebrannte Kleisteine angewandt werden, welche durch den Transport von Eiderstedt nach Pellworm allerdings etwas theurer werden, als die zu den Gebäuden auf Pellworm jetzt gebrauchten Mauersteine, welche letztere aber auch zu sehr der Witterung ausgesetzt sind, und daher auch eine von solchem Material aufgeführte Kappe nicht lange die gegen die Mauer anschlagende Feuchtigkeit widerstehen kann.

4. Wäre bei der Zubereitung des Mörtels darauf zu sehen, daß dieser sehr gut bearbeitet wird und möchte es auch, um die Austrocknung der Mauer möglichst zu befördern, zweckmäßig sein, den Kalk nicht nur aus Muschelkalk und Sand zu verfertigen, sondern auch Segeberger Kalk hinzusetzen.

5. Habe ich geglaubt vorschlagen zu müssen, den unter dem Thurme vorhandenen Durchgang gänzlich zu vermauern, weil es sich gezeigt hat, daß das über den Durchgang vorhandene Gewölbe nicht die darauf ruhende Last zu tragen vermögend ist, wodurch viele Risse in der Mauer entstanden sind. . ."

v. Lund schlägt weiter vor, eine dauerhafte Decke aus Kupfer über den Turm zu legen, und daß berücksichtigt werden möge, später einmal ein Feuer ohne große Kosten darauf errichten zu können, „indem dann blos an der Ostseite zwischen den Flügeln eine verkleidete Treppe angebracht werden dürfte und das Feuer in einem im Dache einzurichtenden Ausbau aufgestellt werden könnte. – Sollte die vorgeschlagene Einfassung des Fundaments des Pellwormer Thurmes durch eine Kappe von Mauerwerk zur Ausführung gebracht werden, ist es eine Hauptsache, daß diese Arbeit mit gehöriger Sorgfalt und unter täglicher Aufsicht ausgeführt wird. . ."

Dieser Bericht gelangte über die Generalzollkammer an Capitän v. Petersen mit einem abgeänderten Vorschlag, so daß er gleichsam als Schiedsrichter tätig werden solle, wie v. P. es in einem persönlichen

Abb. 13. Alte Kirche, Dachreparatur 1976

Schreiben an Major v. Lund nannte. Darin bringt er u.a. seine Vermutung zum Ausdruck, daß „das Fundament des Thurmes wahrscheinlich in den alten, gewachsenen Marschboden unter der später aufgeführten Kirchhofswerfte liegt. . ."

Alle überlieferten Dokumente lassen erkennen, daß über die Art der Gründung des Pellwormer Turmes keine Klärung herbeigeführt werden konnte.

Eine weitere Reparatur an dem Kirchenbauwerk hat 1865 stattgefunden. Die Bleiplatten auf dem Dache der Alten Kirche wurden durch Schieferplatten ersetzt; und 1976 folgte das Verlegen von rotbraunen Dachziegeln (Abb. 13).

Apsis und Chor mußten im Jahre 1913 gründlich ausgebessert werden. Die durch Risse schadhaft gewordene Apsis hat man vollständig entfernt und in der ursprünglichen romanischen Form errichtet mit neuem Bleidach. Über den Sandsteinsockel wurden zwei Lagen mit Oberkirchener Sandsteinquader geschichtet. Das Mauerwerk darüber besteht aus rheinischem Tuff. In der Außenwand der Apsis befinden sich drei Rundbogenfenster in Bogenblenden über Halbsäulen.

Die Einfassung des rundbogigen Chorportals in der Südwand wird aus dem herumgezogenen Sockelprofil gestaltet. Im Norden an der Außenwand des neu verblendeten Chors hat man etwa in Augenhöhe einen Sandsteinblock mit lateinischer Inschrift (Chronostichon auf 1913) von Pastor Heinrich Hansen eingesetzt:

soLatrIX VenIentIbVs hVC tVa gratIa CVrae est arX bona terrIgenIs sIt tVa ChrIste DoMVs.
(Deine tröstende Gnade liegt am Herzen denen, die hierher kommen, eine gute Burg sei den Erdgeborenen dein Haus, O Christus).

Nach den Sicherungsarbeiten zur Erhaltung der Turmruine im Jahre 1839 blieb der Turm wiederum lange Zeit unberührt. Der Angriff der Verwitterungskräfte bei Sonne und Regen, bei Sturm und Frost löste die Festigkeit des Mörtels. Das Herausfallen von Backsteinen wurde zuletzt zu einer Gefahr für die Besucher (Abb. 14), so daß die nähere Umgebung eingezäunt werden mußte. Eine vollständige und sorgfältige Ausbesserung war nun nicht mehr zu umgehen. Über die Vorarbeiten und über die durchgeführten Untersuchungen und handwerklichen Arbeitsleistungen wird an anderer Stelle Kirchenbaudirektor Dr.-Ing. Claus Rauterberg berichten.

Das gotische Portal in der Südwand des Kirchenschiffes hat man mit einem geraden Türsturz und einem doppelt abgetreppten Spitzbogen hergestellt. Dabei wurden zwei Säulen von achtzehn Zentimeter

Abb. 14. Alte Kirche, Westseite der Turmruine 1981. Über der im Mauerwerk horizontal angedeuteten Geschoßebene befindet sich ein gotisches Fenster, das nach dem Einsturz des östlichen Teiles zugemauert worden ist (vgl. Abb. 7).

35

Durchmesser des ursprünglich romanischen Portals wiederverwendet. Das Kapitell unter dem westlichen Säulenschaft (Abb. 4) soll früher zum romanischen Portal in der Nordwand gehört haben, das man bei Trauerfeiern öffnet, wenn der Tote hinausgetragen wird. Durch die kleinere Tür im Nordwesten gelangt man in den Heizraum.

Der Bolzen in 50 cm Höhe und 1,72 m Entfernung vom Nordöstlichen Strebepfeiler kann zur Zeit als der am besten abgesicherte Höhenfestpunkt der Insel Pellworm (NN + 5,159 m) gelten, nachdem der Rohrfestpunkt auf der Schulwarf am Tammensiel durch das Bürohaus der Amtsverwaltung überbaut worden ist. Man darf den Bolzen an der Alten Kirche deshalb auf keinen Fall ohne Beteiligung des Landesvermessungsamtes verändern.

In der Alten Kirche

Doppelflügel-Altar

Durch das Südportal tritt man in die mit wertvollen Kunstschätzen ausgestattete Hallenkirche. Der Blick wird sich bald nach rechts wenden zum Altar – einem prächtigen Pentaptych – hinter dem Chorbogen und dem Triumpfkreuz (Abb. F3). Der Hochaltar, den man als eins der bedeutendsten Werke aus der mittelalterlichen Kunst unseres Landes bezeichnen, wird heute fast nur noch mit zurückgeklappten Flügeln gezeigt, so daß die aus Holz geschnitzten Plastiken zu sehen sind. In alten Zeiten wurden diese lediglich bei besonderen festlichen Gelegenheiten zur Schau gestellt; diese Ansicht wird daher die Festtagsseite genannt. Normalerweise blieb der Altaraufsatz (Retabel) geschlossen. Man konnte dann die Malereien auf den Rückseiten der Flügel betrachten.

Da die Flügel den Mittelschrein nicht voll überdekken, hat der Meister für den überhöhten Teil noch zwei weitere, kleine bewegliche Flügel hinzugefügt. Der Schrein ist 245 cm hoch, 223,5 cm breit und 21 cm tief.

Weil die beiden Flügel jeweils zweiteilig ausgebildet sind, spricht man vom Doppelflügel-Altar. Schwenkt man das innere Flügelpaar zur Mitte hin, dann wird

Farbabb. 3. Alte Kirche, Blick vom Westen durch den Rundbogen auf den Altar

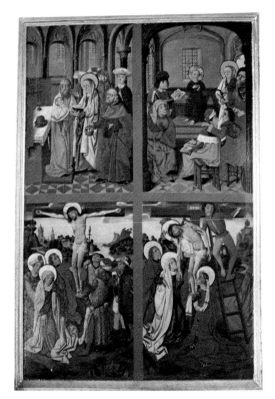

Farbabb. 4. Alte Kirche, Altar. Rechter innerer Flügel, gemalte Felder 5, 6, 13 und 14 – Farbabb. 5. Rechter äußerer Flügel, gemalte Felder 7, 8, 15 und 16

die Festtagsseite verdeckt und die Gesamtansicht einer 16teiligen Bilderwand wie in Abbildung 15, F4, F5 kommt zum Vorschein. Die einzelnen Bildszenen sind – obgleich 500 Jahre alt – noch von einer unwahrscheinlich schönen Leuchtkraft.

Nun ist noch eine dritte Wandlung möglich: nach dem Einklappen der Außenflügel sehen wir die Passionsseite in zwei großen Bildern (Abb. 16). Auf dem linken Flügel wird die Gregormesse gezeigt, auf dem rechten sind zwei Heilige unter einem Dornenbaum dargestellt mit Zehntausend in den Zweigen aufgespießten Märtyrern. Die Farben haben in der jahrhundertelang nicht geheizten und deshalb meist feuchten Luft der Kirche teilweise erheblich gelitten; stellenweise sind nur noch Reste der Malereien erhalten geblieben. Sowohl nach dem Sturz des Turmes auf den Westteil des Kirchenschiffes als auch vor und während des Umbaues der Apsis waren die Altarbilder wegen Feuchtigkeit und Salz gefährdet.

Während der Restaurierung durch Carl Fey – Talmühlen 1958/59 in Kiel und für zwei wissenschaftliche Arbeiten sind sehr eingehende Untersuchungen durchgeführt und Vergleiche mit zahlreichen Altären im In- und Ausland angestellt worden. Für die Promotion an der Universität Kiel legte Renate Jürgens (1978) eine Doktorarbeit über die „Spätgotische Altarmalereien in Schleswig-Holstein" vor, Michael Kopischke behandelte Schnitzaltäre (1982).

Die Alltagsansicht (Abb. 15) soll man als zwei von links nach rechts durchgehende Reihen mit jeweils acht hochformatigen Bildern lesen. In der oberen Reihe sind die Vorkommnisse aus der Mariengeschichte und der Kindheit Christi dargestellt und in der unteren Reihe die Passionsszenen.

Der Name des Künstlers, der diese Gemälde geschaffen hat, ist unbekannt. Er sammelte Anregungen während seiner Wanderzeit in den nördlichen Niederlanden – sehr wahrscheinlich unter dem Einfluß von Dirk Bouts († 1475) – und betrieb danach eine eigene Werkstatt in Husum. Die Entstehungszeit des Hochaltars der Alten Kirche auf Pellworm ist nach R. Jürgens „wohl in den Jahren von 1465 bis 1470 zu vermuten".

Der Stil der zugehörigen Altarplastik (Abb. F6) wird ebenfalls diesem Zeitabschnitt und demselben Künstler zugeschrieben, wie M. Kopischke bestätigt.

Für die Untersuchung des Pellwormer Schnitzwerkes mit den herben und strengen Figuren waren, wie bei den Gemälden, sehr spezielle, vergleichende Betrachtungen erforderlich. Da das überhöhte Mittelfach der geschnitzten Festtagsseite bei Flügelretabeln in Schleswig-Holstein nur sehr selten zu finden ist,

	a			b			
1	2	3	4	5	6	7	8
9	10	11	12	13	14	15	16

1 Verkündigung
2 Heimsuchung
3 Geburt Christi
4 Anbetung der Könige
5 Darstellung im Tempel
6 Der zwölfjährige Jesus im Tempel
7 Himmelfahrt Mariä
8 Maria und Christus thronend
9 Abschied Christi
10 Kreuztragung
11 Entkleidung Christi
12 Kreuzanheftung
13 Kreuzigung
14 Kreuzabnahme
15 Beweinung unter dem Kreuz
16 Grablegung

Abb. 15. Alte Kirche, Gesamtansicht vor der Restauration und Anordnung der Bildfelder auf dem Doppelflügelaltar (2. Ansicht: Malerei)

1 Maria (?)
2 Segnender Christus (?)
3 Gregorsmesse
4 Arbor Vitae mit 10000 Märtyrern und 2 Heiligen

Abb. 16. Alte Kirche, Passionsseite des Altars und Anordnung der Bildfelder bei eingeklappten Flügeln (3. Ansicht: Malerei)

liegt der Bedeutungsschwerpunkt eindeutig auf dem Mittelschrein. Einen ähnlich erhöhten Mittelschrein aus der Zeit des Pellwormer Künstlers gibt es nur noch im nordschleswigschen Ekwadt. Der Altaraufsatz in Ulkebüll bei Sonderburg/Nordschleswig wurde als gestempeltes Antwerpener Importstück erkannt. Das Charakteristische, das diese Altäre gemeinsam haben, ist das überhöhte Mittelfeld – ein wichtiges Kennzeichen niederländischen Ursprungs. Die Schnitzaltäre in Osterlügum/Nordschleswig und Kotzenbüll/Eiderstedt sind Beispiele dafür, daß die Überhöhung später im 16. Jahrhundert auch in einheimischen Werkstätten hergestellt wurde.

Als Abschluß über allen geschnitzten Szenen ist die dreiseitige Baldachinform gewählt worden. Das ganze Retabel überragend und gleichsam bekrönt hat der Künstler das Mittelfeld mit einem Laubkamm aus stilisierten Lilienpalmetten geschnitzt. Unten schließt ein Ornamentstreifen die einzelnen Felder ab.

Ein barockes Abendmahlsbild, eine Kopie nach Leonardo da Vinci in Öl auf Leinwand (65 zu 92 cm), ziert die Predella.

An dem Altaraufsatz der Alten Kirche auf Pellworm vermittelt die Anordnung der Gruppen mit lockerer Aufstellung von insgesamt 63 Personen in eng bemessenen Rahmen nach M. Kopischke den Eindruck frei über den Raum verteilter Figuren. Dabei ist die Vielzahl an dargestellten Kopfhaltungen und unterschiedlichem Gesichtsausdruck, an Körperdrehungen, Kleidern (Abb. 7 u. 8), Faltenwurf, Geräten und Teilen der Landschaften mit Hügeln, Felsen und Bäumen bemerkenswert.

Die Motivvergleiche von R. Jürgens und M. Kopischke führten über Schleswig-Holstein (Tating, St. Peter, Nieblum/Föhr, Lübeck, Kiel, Giekau, Grube, Ratzeburg, Keitum/Sylt) nach Hamburg, Langenhorst, Buxtehude, Arle/Ostfriesland, Iserlohn, Schwäbisch Hall und Frankfurt a.M. nach Wismar, Güstrow, Bützow, Marienburg/Westpreußen und Reval nach Dänemark (Nordbunde, Aarhus, Nybøll/ Amt Sønderburg), nach Schweden (Boglösa, Storkyrka in Stockholm, Skepptuna, Värmdö), nach Norwegen (Trondenes, Vossewangen, Masoy und Bergen), nach Belgien (Brüssel, Lüttich) und immer wieder in die Niederlande nach Utrecht und Ambierle.

Farbabb. 6. Alte Kirche, Gesamtansicht und Feldanordnung der Plastiken auf der Festtagsseite des Altars

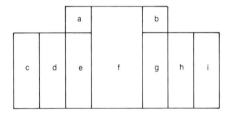

a Anna selbdritt
b Andreas
c Ölberg
d Gefangennahme
e Verhör durch Pilatus
f Kreuzigung
g Geißelung
h Kreuzabnahme
i Grablegung

Farbabb. 7. Alte Kirche, Altar, Festtagsseite. Rechter Flügel, Tafel h und i – Farbabb. 8. Linker Flügel, Tafel c und d

Bronzetaufe

Nach dem Untergang der Kirche Buphever, die bis 1634 zu Alt-Nordstrand gehörte, holte man die von Hinrick Klinghe 1475 gegossene Bronzetaufe (Abb. 17) nach Pellworm, wo sie ihren Platz im Chor der Alten Kirche erhielt. Die vier gleichen und halbrund ausgehöhlten Tragfiguren sind je 90,5 cm hoch. Die Kumme (etwa 38 cm h.) hat einen Durchmesser von 89 cm. Der Diakon trägt in der linken Hand das Schwertwappen des Stallers Laurentius Leve von Nordstrand, des Stifters der Taufe. L. Leve erhielt vom König Christian I. ein Ritterprivileg mit dem Recht, das adlige Wappen zu führen; am 24. Mai 1462 ließ er sich dieses Recht von Papst Pius II. bestätigen.

Auf der nach oben ausladenden Wand des Kessels erkennt man ein Reliefzierwerk mit Einzelfiguren und dreifigurigen Szenen unter Kielbogenarkaden. In den Bögen über den Köpfen kann man die Namen mit erhabenen Buchstaben in Mönchen-Schrift lesen; ausgehend von der Taufe mit Christus („salvator") zwischen Engeln und Johannes schließen sich rechtsherum an: die Aposteln Jacob d. J., Philippus (mit Keule), Jacob d. Ä., Andreas, Paulus, die Kreuzgruppe (Maria, Christus und Johannes), Petrus (Abb. 18), Johannes (Abb. 19), Thomas (mit Lanze), Bartolome, Simon (mit Kreuzesstab), Laurentius (mit Rost

Abb. 17. Alte Kirche, Bronzetaufe, gegossen von Hinrick Klinghe 1475

41

42   *Abb. 18. Alte Kirche, Bronzetaufe, Bildnis St. Peter – Abb. 19. Bildnis St. Johannis*

Abb. 20. Alte Kirche, Schnitzwerk am Taufdeckel, um 1600

und Palmzweig), Muttergottes, Katrina (mit zerbrochenem Rad und Schwert).

In das obere Schriftband hat der Hersteller seinen Namen gesetzt, und im breiteren unteren Streifen steht das Jahr des Bronzegusses.

Damit der Deckel auf dem Kessel befestigt werden kann, hat man am oberen Rand zwei halbrunde Köpfe mit quadratisch durchlöcherter Stirn angebracht.

Die runde Taufschüssel stammt aus dem 17. Jahrhundert, sie besteht aus Messing, hat einen Durchmesser von 35,6 cm und ist mit gepunzten Ranken geschmückt. Der sechseckige Taufdeckel aus Eiche, 108 cm hoch und Durchmesser 93 cm, hat in seinem Hauptteil die Form einer durchbrochenen Hermenpilaster-Laterne (Abb. 17 u. 20). Er soll zu Beginn des 17. Jahrhunderts angefertigt worden sein. Die erhabenen Buchstaben auf dem oberen Fries bedeuten: Wer da glaubt und getauft wird, der wird selig werden. Markus 16.

Der Handtuchhalter aus der zweiten Hälfte des 17. Jahrhunderts an der Chorwand neben der Taufe ist 322 cm hoch und 56,5 cm breit. Den Giebel des Halters zieren Ranken in Flachschnitzwerk.

Der Strandräuber und Kirchenschänder Cort Widerichs aus Dithmarschen besetzte ein Jahr lang (1452) den Turm der Alten Kirche, überfiel und brand-

Abb. 21. Alte Kirche, Silbervergoldeter Kelch von 1466, gestiftet vom Staller Laurentius Leve

44

schatzte die Bewohner ringsum; er trieb sein Unwesen in den Küstengewässern, indem er Schiffe überfiel und ausplünderte. Als er dieses Versteck verließ, raubte er aus der Kirche sieben vergoldete Kelche, eine große Monstranz, die Bronzetaufe (13. Jh.) und den Sakramentsschrank. Er vermachte sie seiner Heimatkirche in Büsum. Bemühungen, 1978 diese Taufe nach Pellworm zurückzubekommen, haben die Büsumer, nach Pastor Hölzner, mit der Antwort abgetan: Das sei ja wohl verjährt!

Abendmahlsgeräte

Aus der vorreformatorischen Zeit ist ein 23,6 cm hoher vergoldeter Kelch aus Silber vorhanden (Abb. 21), dessen Cuppa einen Durchmesser von 11,7 cm hat mit aufgenieteter plastischer Kreuzgruppe. Der Kelch hat einen Sechspaßfuß mit durchbrochenem Sockel aus übereckgestellten Vierpässen. Sowohl die am Rande eingravierte Inschrift als auch das Wappen mit zwei gekreuzten Schwertern bezeugen den Stifter Laurentius Leve – wie bei der Bronzetaufe.

Zum Kelch gehört eine silbervergoldete Patene mit einem Durchmesser von 17,4 cm aus dem Jahre 1664, die vom Kircheninspektor Johann Heimreich und Frau Magdalena gespendet wurde.

Eine schlichte, silberne Oblatendose ist innen vergoldet; sie hat einen Durchmesser von 11,2 cm und ist 5,1 cm hoch.

In einem röhrenförmigen Lederetui wird ein Krankengerät aus dem 17./18. Jh. aufbewahrt, das aus einem teilweise vergoldeten, 8,9 cm hohen Silberkelch mit aufschraubbarer Oblatendose im Knauf und aus der silbervergoldeten Patene (Durchmesser 7,6 cm. Gravur H.B) besteht.

Die antike Form der Abendmahlskanne aus Porzellan (h. 28 cm) trägt die blaue Marke B&G = Bing und Groendahl, Kopenhagen.

Altarleuchter

Das ältere Leuchterpaar aus dem 15. Jahrhundert wurde jeweils in einem Stück aus Gelbguß mit Dorn (39,5 cm hoch) hergestellt; die drei Ringe am Röhrenschaft geben dem Leuchter eine gedrungene Gestalt.

Das zweite Leuchterpaar stiftete Frau Helena Heimreich (1692). Der Gelbguß erreicht mit Dorn eine Höhe von 66,2 cm. Die drei eiförmigen Füße sind an den runden Sockel angenietet. Balusterschaft und Lichtteller mit schweren Wulsten (Abb. 22).

Abb. 22. Alte Kirche, Altarleuchter,
1692 von Frau Helena Heimreich gestiftet

46   *Abb. 23. Ausstattung der Alten Kirche um 1900. Kronleuchter, Huthalter, Kanzel*

Kronleuchter

Der im Jahre 1886 in einer Husumer Gelbgießerei hergestellte Kronleuchter (Abb. 23) wurde im Zweiten Weltkrieg abgeliefert. Als Ersatz hat man vier schlichte Ringe mit je zwölf Kerzen an die Decke des Kirchenschiffes gehängt.

Kanzel und Kruzifix

An der Südwand des Schiffes befindet sich die Kanzel, deren Friesinschrift das Jahr 1600 erkennen läßt. Sie wurde 24 Jahre später bemalt. Der architektonische Aufbau des aus Eichenholz gefertigten, 150 cm hohen Kanzelkorbs mit Doppelsäulen und Rundbogenfeldern zeigt vier Seiten eines Sechsecks; für das 5. Feld stand die Brüstung des Aufgangs zur Verfügung. Wir lesen die Namen der Stifterfamilie Harre Bandicks: Broder Harsen, Leve Edlefsen, Ocke, Kanut, Petr. Bandick und Hans Harsen. Sechseckig ist auch der zugehörige Renaissance-Schalldeckel gestaltet.

Das Kruzifix (siehe Abb. F3) aus spätgotischer Zeit (Anfang des 16. Jh.) wurde 1925 restauriert und auf dem Triumpfbalken im Rundbogen zwischen Chor und Schiff befestigt. Es ist 85 cm hoch und aus Eichenholz geschnitzt.

Gestühl

Obgleich sich der lutherische Glaube längst auf Pellworm durchgesetzt hatte, ließen folgende Mitglieder der Kirchengemeinde 1691 einen neuen Beichtstuhl (Abb. 24) aufstellen, wie in goldener Frakturinschrift am oberen Rahmen zu lesen ist: H. Arvast Knudzen, Peter Carstensen der Elter, Edleff Feddersen, Boye Carstensen, Leve Backsen, Hans Backsen, Harre Brodersen, Mathias Carstensen, Martin Hummersen, Peter Harsen, Johan Brodersen, Johan Heimreich Walter und Harre Brodersen auff Suederogh. Der Beichtstuhl ist 213 cm hoch, 205 cm breit und 148 cm tief, aus Tannenholz getischlert und dunkel gestrichen.

Die beiden Gestühlslogen aus der Zeit um 1700, die noch um die Jahrhundertwende am Ostende des Schiffes standen (siehe Abb. 23), waren für Angehörige, an denen Amtshandlungen wie Trauung, Taufe vollzogen wurden, bestimmt; sie sind bei einer Restauration (1925?) fortgeräumt worden.

Die Sitzbänke hat man einzeln durch Pforten gegen den Hauptgang abgeriegelt. Die reich geschnitzte Bekrönung über dem durch Buckelquader unterbrochenen Fries aus dem Anfang des 18. Jh. in Abbildung 26 können wir an einer Gestühlswand betrachten. In dem symmetrischen Rankenwerk aus Palmzweigen

Abb. 24. Alte Kirche, Beichtstuhl von 1691, darüber Porträt des Pastors Joh. Heimreich

Abb. 25. Alte Kirche, Huthalter. Bogenhöhe von a) bis c) ▷ steigend, d) wieder niedriger. a) aufbrechende Knospe; vordere Bänke: Jugend – b) Blüte; mittlere Bänke: junge Erwachsene – c) Blume; Bänke vor dem Quergang: ältere Jahrgänge – d) welkende Blume; Bänke hinter dem Quergang: Senioren.

a

c

b

d

49

Abb. 26. Alte Kirche, Gestühlsbrüstung

und Arkanthus treten drei querovale Kartuschen hervor, auf denen die Inschriften unleserlich überstrichen worden sind.

Die im 17. Jahrhundert zu halbkreisförmigen Bogen aus tauartig gedrehten Stangen geschmiedeten und an den Wangen von neun Bänken befestigten Huthalter (siehe Abb. 25 a) – d)) tragen auf dem Scheitel der Bögen schmiedeeiserne Blumen. Von der geschlossenen Knospe für die Inseljugend der vorderen Reihen bis zu den voll aufgebrochenen und abwelkenden Blüten der älteren Jahrgänge hinten. Die Höhen der Huthalter über den Wangen betragen 48 bis 85 cm.

Erinnerungstafeln (Epitaphien)

Über der Südtür des Kirchenschiffes hängt die Erinnerungstafel Ketelsen. In einem Renaissancerahmen aus Eiche, 3,00 m hoch und 1,50 m breit, sehen wir ein Gemälde der Kreuzigung vor einem Stadtprospekt und im unteren Teil die kinderreiche Stifterfamilie in damaliger Tracht. Leider sind die Farben nicht gut erhalten. In Frakturschrift stehen auf dem Sockel der Föhrenholztafel die familienkundlichen Angaben:

„Anno Christi 1537 is Karstina Johannißes geboren vnd erstlich Leve Boysen Anno 1552 thor Ehe gegeven, mit welckere se 12 Jhar gelevet vn eme 7 Kinder getelet, 3 sons, Ipke, . . . Agge vn Boye, 4 Döchter . . . onna, sywen, Wencke vn Anna. Na Leve Boysens dode is se Ao 1565 wedder gefryet van Edleff Ludsen, mit welckere se 1 Jahr gelewet vn eme einen söne getelet, welcker Ludde genömet vn balde na dem Vader gestoruen. – Anno 1567 hefft Karstina wedderumme thor Ehe gekregen H. Johan Ketelsen, welcker tho Hadstede Ao 1530 den 20 August gebaren vn Ao 1566 van Carspel Pilworm thom Predigamte geeschet, darna Ao 1569 den Pastorat angenommen. Vnd hefft Christina eme 7 Kinder getelet, 3 söns Adolphum, Ketelium vnd Teden, 4 Döchter Anna, Katarina, Anna Laurentz Leueßens Fruwe vn eine dodtgebarne. Jpke Leueßens im 21, Adolphus Johannis im 15, vnd Ketelius im 14. Jahre eres olders . . . Herrn Bandiks Fruw gestorve Ao 92 den 14 . . . Anna Laurentzes ge. . . Ao 71, den 15. Oktobris . . . anderen sint alle junck gestorven den Godt gnedich sy".

Das Epitaph Edleffsen (Abb. 27) gegenüber an der Nordwand hat die Maße 4,10 m zu 2,60 m. In dem Ölbild auf Holz kann man den sitzenden Christus und eine stehende junge Frau mit zwölf Kindern und drei Säuglingen erkennen. Drei weibliche Bilder und ein männliches in ovalen Knorpelwerkrahmen hängen oben über Rahmen und Hauptbild. Die Tafel ist ferner mit drei Wappen geschmückt. Die Sockelinschrift lautet: „Gott zu Ehren und dieser Kirchen zum Zierath Hat dieses Epitaphium hierher setzen lassen Kettel Edleffsen anno 1692".

Ölgemälde von 1735

Das außergewöhnlich große Bild (3,38 m zu 4,86 m) des jüngsten Gerichts an der Nordwand des Kirchenschiffes ist eine Nachbildung des dreiteiligen Altaraufsatzes (Triptichon) in der Danziger Marienkirche. Zusammen mit zwei anderen Gemälden hat der Maler Hans Memling (~ 1440 bis 1495) das Original um 1467 für eine Kirche in Florenz gemalt. Man vermutet, daß es nach der Hochzeit der italienischen Stifter Angelo di Jacopo Tani und Caterina Tanagli 1466 in Auftrag gegeben worden ist. Auf dem Seewege sollten die Gemälde von Brügge in Flandern, wo er berühmt

Abb. 27. Alte Kirche, Epitaph Edleffsen von 1692 über der Nordtür

geworden war, 1473 dorthin gebracht werden. Aber unterwegs wurde das Schiff auf offener See durch den Hanseatischen Kapitän Pawel Bennecke gekapert, der die drei Bilder mit in seine Heimatstadt Danzig nahm, wo das Original bis 1939 in der Marienkirche hing; es kam dann in das polnische Staatsmuseum.

Hans Memling galt zu seiner Zeit als erfolgreichster und originellster Porträtist in Flandern. Mit der übersteigerten Schilderung der Geschicke der Seligen und Verdammten in dem „Jüngsten Gericht" schuf er eine erregende und dramatische Komposition des Paradieses und der Hölle. St. Michael, in einer mittelalterlichen Rüstung, hält eine Waage, auf der das Gute das Böse aufwiegt.

Das Pellwormer Gemälde wurde von Pastor Petrus Harssen und Rathmann Joh. Heimreich Walter 1735 gestiftet.

Porträt – Gemälde

Zu den Inventarien im Chor zählten 1874 noch sieben Porträts von Predigern und ihren Frauen. Heute befinden sich folgende sechs Gemälde im Kirchenschiff:

1. Das Lutherbild in epitaphartigem Rahmen an der Nordwand wurde 1883 gemalt von Friedrich Thomsen, Husum.

2. Das Brustbild von Pastor Johannis Heimreich (1586–1664) mit braunem Vollbart und Halskrause wurde 1626 auf einer Eichenholzplatte (36 zu 27 cm) in Öl gemalt. Im profilierten Barockrahmen ist es an der Chorwand über dem Kanzelaufgang zu sehen.

3. Magdalene Heimreich erkennt man an der eingeknickten Spitzenhaube, an der Halskrause und dem Schmuckstück an einer goldenen Kette (Abb. 29).

Beide Heimreich-Gemälde sind restauriert worden.

4. Vom Maler der Heimreich-Gemälde stammt auch das Bildnis einer älteren Frau in Öl auf Holz, das mit der Jahreszahl 1626 eindeutig zu datieren ist. Der Rahmen mit Halbsäulen und Gebälk ist 115 cm hoch und 82 cm breit. Die Frau trägt ebenfalls Haube und Halskrause, ein schwarzes Kleid mit weißen Manschetten. Während sie die rechte Hand herabhängen läßt – zwei goldene Ringe fallen auf –, hält sie in der linken ein Taschentuch mit Spitzensaum.

5. Pastor Petrus Harsen ist in einem ovalen Halbfigurenbild mit Allongeperücke und Bäffchen dargestellt (Öl auf Leinwand, h. 94 cm, br. 75 cm); er hält ein Buch mit goldverziertem Einband in der rechten Hand. Die Inschrift besagt, daß er am 16. Juni 1677 auf Pellworm geboren ist, am 26. März 1702 als Pastor an die Alte Kirche berufen wurde und am 20. Oktober 1740 starb.

Abb. 28/29. *Alte Kirche, Bildnis von Pastor Johannis Heimreich (1586–1664), und seiner Frau Magdalena Heimreich, gemalt 1626*   53

Verzeichnis
Der nach der Sturmfluth von Anno 1634
an der alten Kirche auf Pellworm fun-
girende
Hauptprediger & Compastoren.

M. Paul Brüggemann	1638	Peter Dethlevi	1677
Joh. Heimreich	1664	Heinrich Heimreich	1665
Heinrich Heimreich	1669	Casper Storklof	1688
Matthias Novock	1679	Joh. Georg Knüffel	1693
Peter Sibbertsen	1681	Broder Thomsen	1701
Peter Fink	1687	Peter Harrsen	1708
Peter Hansen	1692	Martinus Tetens	1711
Joh. Georg Knüffel	1708	Fried. Chr. Viereck	1756
Peter Harrsen	1740	Jac. Hinr. Clasen	1782
Martinus Tetens	1749	Georg E. Elbinger	1793
Joh. Bend. Bredefeld	1752		*Letzter Compastor.*
Laurentius Laurentii	1790		
Ernst Christ. Kruse	1799	Heinrich Hansen	1917
Joh. H. C. zur Mühlen	1811	Kay Gimm	1927
Friedrich Bartelsen	1825	Wulf Steffen	1934
Karl E. Asmussen	1865	Hans Beiderwieden	1946
Herm. Joh. Chr. Flor	1874	Friedrich Hansen	1950
Johannes Bernhard	1882	Dr. Johann Haar	1965
P. F. A. Gustav Duhrkop	1888	Klaus C. Hambruch	1976
C. Wohlenberg	1896		

54   *Abb. 30.*

6. Das ovale Bildnis der Frau des Pastors, Dorothea, geb. Rachelin, wurde in Öl auf Leinwand mit weißer Schleife im grauen Haar gemalt. Zum goldgestickten Mieder trägt sie ein dunkles Schultertuch, als Schmuck ein Halsband und im Ausschnitt des Kleides ein Perlenkreuz an schwarzer Schnur. Sie wurde am 13. Oktober 1686 in Tetenbüll geboren und ist am 19. Juni 1721 auf Pellworm gestorben.

Arp-Schnitger-Orgel

Ein Kunstwerk von hohem Wert stellt die Orgel in der Alten Kirche aus der Werkstatt des berühmten Orgelbauers Arp-Schnitger dar, die hier 1711 aufgestellt worden ist. Neben der Orgel hängt eine Holztafel mit dem Namenverzeichnis der Stifter:

Gott Zu Ehren und der Kirche Zum
Zierath, ist die Orgel, in dieser Kirche
von Untengesetzten, als

Petro Harssen, Past	Lorenß Thomsen
He. Numen Brodersen, Rathm.	Rickmer Hansen
He. Adriano Balck	Leve Petersen
Se. Jeronymus Karstensen	Peter Mumsen
Hanß Rickmersen	Johan Thomsen
Matthies Karstensen	Arien Cornillis
	Edleff Petersen
	Volquart Levesen

Backe Tetsen
Lorenß Edleffsen, d. äl-
tere
Boye Hanssen
Se. Tettie Peters
J = Tede Edleffsen
J = Lorenz Edleffsen
Lorenß Percksen
Tade Paysen
  N - ogh
Pauel Schultz
Bandick Numensen
Backe Blom
S. He. Peter Harsen
  Rathm.
He. Adolff Lorentzen
  Rathm.
S. Leve Backsen
Johann HeimReich,
  TeichR.
Leve Sivertsen, TeichR.
Numen Edleffsen
Knudt Rickmersen
Tede Backsen

Peter Feddersen
Leve Sivertzen
He. Tye Ocksen,
  Rathman, Teichgraff
He. Knudt Bandixen,
  Rathm.
Hanß Backsen,
  Vollm.
Ocke Levesen,
  Vollm.
Peter Karstensen,
  S - ogh
Boye Tetsen
Hanß Harsen
Jakob Petersen
Bahne Maysen
Nicolay L. Clausen
Broder Petersen
Friederich Fink
Jeronymus Karstensen
Se. Fedder Melffsen
Volquart Haysen
Edleff Levesen
Se. Peter Backsen
Verehret, Worden
ANNO 1711.

Das alte Positiv hat die Kirchenverwaltung ein Jahr zuvor nach Ostenfeld bei Husum für 100 Reichstaler verkauft; dort wurde es 1775/76 durch einen Neubau ersetzt. Da auf Pellworm seit 1593 ein Organist nachzuweisen ist, dürfte auch eine mittelalterliche Orgel etwa um diese Zeit erworben worden sein, die aber schon bei dem Einsturz des Turmes 1611 auf den Westteil des Gotteshauses mit zerstört wurde. Daß die nach Ostenfeld verkaufte Orgel um 1525 im Zusammenhang mit der Reformation beschafft sein soll, kann aus den genannten Gründen nicht stimmen.

Arp Schnitger, der große niedersächsische Orgelbaumeister aus der Zeit nach dem Dreißigjährigen Krieg, wurde 1648 in Schmalenfleth (Kirchengemeinde Golzwarden) an der Unterweser geboren. Er heiratete in erster Ehe Gertrud Otte aus Hamburg (1665–1707) in Neufelde (6 Kinder) und in zweiter Ehe 1713 A.E. Koch, geb. Dieckmann; diese Ehe blieb kinderlos. Im Alter von 71 Jahren ist Arp Schnitger 1719 gestorben und in der Neufelder Kirche beigesetzt worden.

In der Tischlerwerkstatt seines Vaters hat Arp Schnitger vom 14. Lebensjahr an eine vorzügliche Grundausbildung genossen. Ab 1666 spezialisierte er sich auf den Bau von Orgeln, zunächst bei seinem Vetter B. Huß in Glückstadt. 1677 ging er als selbständiger Meister nach Stade, und 1682 verlegte er seine Werkstatt nach Hamburg. Aufgrund seiner erfolgreichen Tätigkeit und im Zusammenhang mit der Instandsetzung der Orgel in der Altonaer Hauptkirche räumte der dänische König Friedrich IV. ihm eine Sonderstellung ein. Oldenburg und Altona gehörten damals zu Dänemark. In dem Diplom vom 7. Januar 1702 heißt es auszugsweise: „. . . daß wir auf allerunterthänigstes Ansuchen unseres Unterthans Arp Schnitgern, privilegierten Orgel-Bauern in unsren Graffschaften Oldenburg und Delmenhorst, undt auf die für Ihn eingekommene allerunterthänigste recommendation, denselben gleichfalls die Orgeln in den Kirchen unserer Fürstenthümer Schleswig, Holstein und incorporirten Landen, alleine zu bauen undt zu reparieren allergnädigst privilegiert, . . . undt von keinem frembden Orgel-Bauer darinnen beeinträchtigt werden soll . . .“

Über die außergewöhnliche Wirksamkeit des Orgelbaumeisters Arp Schnitger und seiner Schule gibt die Dokumentation von Gustav Fock (1974) eine umfassende Übersicht. Aus dem chronologischen Verzeichnis der 169 von Schnitger erbauten oder umgebauten Orgeln geht zum Beispiel auch die Reichweite seiner Tätigkeiten hervor: in Niedersachsen und Bremen sind 36 Orgeln aufgeführt, in Lübeck und Schleswig-Holstein 11, in Hamburg 19, in Mecklenburg, Brandenburg, Magdeburg, Stettin und Berlin zusammen 13, in den Niederlanden 21, in England, Spanien und Portugal je 1 und in Moskau 2.

G. Fock berichtet über die Orgel in der Alten Kirche auf Pellworm: „Schnitger sagt in seinen Aufzeichnungen, daß er sie 1711 als ein Werk mit 24 Stimmen auf zwei Manualen und Pedal gebaut habe. Diese dauerhaft gearbeitete Orgel ist nach Überholungen durch Boye Lorentzen aus Bredstedt (1781) und Friedrich Christian Theodor Schulze aus Rendsburg (1865) in der Disposition lange Zeit unverändert geblieben. Erst 1891–1892 fand ein Umbau durch Emil Hansen aus Flensburg statt, leider zum Nachteil des Werkes. Laut Kostenanschlag im Kirchenarchiv erneuerte er, weil einige Prospektpfeifen oxydiert waren, alle klingenden Pfeifen des Prospektes. Um die Orgel, die fast einen Ganzton zu hoch stand, auf Kammerton zu bringen, rückte er alle Pfeifen um zwei Halbtöne nach oben und verkürzte sie entsprechend; deshalb begannen die Klaviaturen der Manuale erst mit E (Cis und Dis fehlen bei Schnitger). Außerdem entfernte er fast die Hälfte der Schnitgerschen Stimmen und baute dafür einige eigene ein, die dem damaligen Geschmack entsprachen. Aus diesem Umbau sollte ein ‚recht gutes, dem hohen Zweck würdig

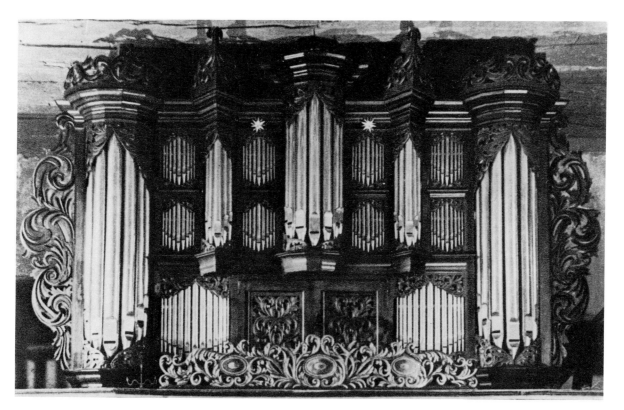

Abb. 31. Alte Kirche, Prospekt der Arp-Schnitger-Orgel 57

entsprechendes Werk hervorgehen', wie es in einem Begleitschreiben zum Kostenanschlag heißt. Statt dessen ist das schöne Kunstwerk fast zur Ruine geworden. Der aus Eichenholz verfertigte, mit feinem Verständnis dem Raum angepaßte Prospekt ist erhalten geblieben" (Abb. 31).

Da der Vertrag mit Schnitger nicht erhalten ist, „hat man sich nach alten Registerschildern gerichtet, die an der Innenseite einer Tür im Orgelgehäuse angebracht waren. Die Registernamen weichen von einer Disposition aus dem Jahre 1846 im Kirchenarchiv, die wahrscheinlich die originale ist, in einigen Punkten ab. . .‟

Anläßlich des Missionsfestes im Sommer 1953 auf Pellworm spielte der Domorganist Hansjakob Haller auf der Arp-Schnitger-Orgel verschiedene Werke von Johann Sebastian Bach und Dietrich Buxtehude. Dabei wurde wieder einmal festgestellt, daß das herrliche Zeugnis der Orgelbaukunst schadhaft geworden sei. Kirchenmusikdirektor Professor Dr. Hans Klotz wurde gebeten, den Zustand der Orgel zu überprüfen.

Bei den Erneuerungsarbeiten im folgenden Jahre durch Ernst Brandt, Quickborn, wurde die alte Disposition wiederhergestellt. Das gesamte Gehäuse der Orgel mit dem reichen Barockschnitzwerk mußte auseinandergenommen und nach gründlichem Tränken aller Teile mit einem Wurmschutzmittel wieder

zusammengesetzt werden. Die Windlade wurde völlig erneuert und die Balge repariert. Die Orgel erhielt bei dieser Gelegenheit einen elektrischen Windantrieb; die alten Tretbretter blieben für den Fall erhalten, daß es mit der Stromzuleitung auf Pellworm nicht funktionieren sollte. Die Durchsicht und originalgetreue Erneuerung der rund 1500 Pfeifen war auf der Insel nicht möglich. Sie wurden in entsprechend lange Kisten verpackt, auf dem Wasserwege nach Husum und weiter über Land nach Quickborn geschickt.

Die Arp-Schnitger-Orgel wird nun schon seit 27 Jahren von Orgelbaumeister Grollmann (Hamburg) betreut.

Seit dieser Grundreparatur finden in jedem Sommer von Mai bis September am Mittwochabend bei anbrechender Dunkelheit und Kerzenbeleuchtung stets gut besuchte Orgelkonzerte statt. Die Klangfülle, die dieses Instrument mit seinen 24 Registern in sich birgt, läßt die festliche Musik für die Inselbewohner, für die Pellworm-Urlauber und wohl auch für die Orgelspieler zu einem besonderen Erlebnis werden.

Die Gastorganisten an der Arp-Schnitger-Orgel in der Alten Kirche auf Pellworm kamen aus Nordelbingen und dem übrigen Bundesgebiet sowie aus dem Ausland. Auch Solisten, die die Orgel begleiten, scheuen die lange und für manchen Künstler recht umständliche Reise nicht:

Gastorganisten aus Nordelbingen

Aumühle	Dr. Waack
Bad Oldesloe	Dr. R.v. Busch
Bredstedt	H. M. Petersen
Eckernförde	I. Wesnigk
Erfde	W. Schirm
Flensburg	Prof. Dr. H. Klotz, M. Janz
Hamburg	Prof. R. Kirn, Prof. H. Wunderlich, E. Barthe
Heist	Prof. Kl. Hempel
Husum	J. Weigel
Itzehoe	A. Kern, H. Dethke
Kiel	Dr. A. Edler, R. Mitschke
Ratzeburg	N. Bethke
Schleswig	H. Haller, K. H. Hermann

Übrige Bundesrepublik Deutschland

Berlin	Dr. P. Schwarz
Giessen	H. Mencke
Herford	H. Sturm
Iserlohn	G. Gerber
Lattbergen	U. Grosser
Lüneburg	H. J. Schnoor
München	E. Jahn
Oldenburg	D. Weiß
Rupertsweiler	J. Sonnenschmidt
Speyer	H. M. Göttsche
Stade	L. Hansen
Staufen i. Br.	F. Krakamp
Stuttgart	S. Müller-Murrhardt
Würzburg	H. Brauer

Ausland

Israel	Prof. E. Freud
Italien	R. Micconi
Niederlande	M. Baumgratz
Österreich	E. Gober, B. Gfrerer, Dankelmeier
Polen	Prof. A. Chorosinski
Schweiz	M. Extermann
U.S.A.	W. Mc Gowan, John Chapmann

Solisten zur Orgel

Blank, J.D.	Limburghof	Violine
Böttcher, M.	Berlin	Violine

59

Chapmann,	San Francisco/ U.S.A.	Trompete
Dahms, N.	Walsrode	Gitarre
Giebel, A.	Köln	Sopran
Hempel, Katarina	Heist	Gitarre
Hempel, Klaus	Heist	Gitarre
Koch, H.	Lübeck	Cembalo
Langshaw, Philipp	Australien	Tenor
Messlinger, D.	Stuttgart	Solocellist
Packmeiser, J.	Hamburg	Trompete
Perl, M.	Berlin	Flöte
Rausch, H.	Hamburg	Trompete
Schneidewind, H.	Köln	Trompete
Sturm, H.	Neumünster	Viola da Gamba

Inzwischen sind acht Langspielplatten bespielt worden, die gern zur Erinnerung an die in der Alten Kirche persönlich erlebte Orgelmusik erworben werden:

Dieter Weiß: Jan Pieterszoon Sweelink (1562–1621) und Georg Böhm (1661–1733)

Herfried Mencke: Johann Sebastian Bach (1685–1750) und Dietrich Buxtehude (1637–1707), Nicolaus Bruhns (1665–1697) u. Georg Böhm

Matthias Janz (1978): Samuel Scheidt (1587–1654), D. Buxtehude und N. Bruhns

Dieter Meßlinger und Jens Weigelt: A. Vievaldi (etwa 1678–1741), H. Scheidemann (1596–1663), J.P. Sweelink und Karl Meßlinger (1902–1973)

Agnes Giebel und Ulrich Grosser (1980): J.S. Bach, Johann Pachelbel, Bach-Schemelli und Johann Gottfried Walther.

Rose Kirn: Weihnachtliches Konzert im „Friesendom" auf Pellworm. M. Weckmann, J.P. Sweelink, D. Buxtehude, J.S. Bach, L.C. Daquin, J.C.F. Bach

Gustav Biener, Ulrich Grosser u. Phillip Langshaw (1979): Weihnachten im Friesendom.

Hellmut Schneidewind u. Ulrich Grosser (1982): Trompete und Orgel im Friesendom. H. Purcell (1659–1695), D. Gabrielli (1640–1690), J.S. Bach, G.Ph. Telemann (1681–1767), P.S. Vejvanovsky (1640–1693), H.J.F. Biber (1644–1704) u. J. Clarke (um 1670–1707).

Die neue Glocke

Im Zusammenhang mit den Vorbereitungen für die Erneuerung des Kirchendaches hat der Kirchenvorstand beschlossen, an Stelle der im Dachreiter hängenden Glocke – von Melchior Lucas 1605 in Bronze gegossen – einen wie bis 1783 freistehenden Glockenstapel mit einer neuen Glocke aufstellen zu lassen; es fehlte der Klöppel, und mit dem Anschlaghammer wurde nur ein dürftiger Klang hervorgerufen. M. Lucas ist von 1566–1622 in Husum als Glocken- und Rotgießer tätig gewesen.

Der 12 m hohe Glockenturm ist 1977 errichtet worden. Die seit 1590 bestehende Glockengießerei Gebrüder Rincker in Sinn/Dillkreis erhielt den Auftrag für die Herstellung dieser Glocke mit dem Durchmesser von 90 cm und einem Gewicht von rund 420 kg. Als Inschrift wählte man einen Teil des von Karl Hansen verfaßten Pellworm-Liedes: „Herr, hol dien Hand in See un Storm – Herr, schütz Pellworm". K. Hansen wurde 1898 im Pastorat der Alten Kirche geboren und amtierte jahrzehntelang als Pastor auf der Insel. Am Erntedanksonntag 1977 wurde die neue Glocke geweiht.

Friedhof

Die Kirchwarf hat man so angelegt, daß sie die Gräber der Verstorbenen im Kirchspiel aufnehmen kann.

Einige der ältesten Grabsteine stehen an der Nordwand des Chors, andere an der Südseite (Abb. 32). Die kunstfertig gemeißelten Platten haben die Jahrhunderte nicht alle heil überstanden; einige sind in der Zeit, als sie noch im Kirchenraum als Fußbodenplatten lagen, mehr oder weniger unleserlich geworden.

● Den am besten erhaltenen Zeugen der Grabmalskunst hat man einen bevorzugten Platz links neben der Tür zum Chor gegeben. Er besteht aus grauem Kalkstein (2,30 m hoch, 1,46 m breit). Eckrosetten und die Hausmarke schmücken den Gedenkstein des Ehepaares Brodersen.

Umschrift in Antiqua: „Anno 1603 den 4. Aprilis is de ehr und achtbahre Peter B r o d e r s e n sines olders 46 Jahr in dem Heren entschlapen des Sele Godt gnedich si". Zeilenschrift im oberen Drittel des Steins: „Anno 1617 den 18 Aprilis is der ehrbare unde veel dogentsame Fruwe Eiie Peters gewesene Weduwe wol in de 14 Jahren sacht unde salichlicken in Christo dem Herren endtschlapen.Ehres Olders is gewesen bi 44 Jahren dessen Seelen nu bi dem leven Godt rouwet".

62   *Abb. 32. Alte Kirche, Grabsteine an der Südwand des Chores*

● Gut erhalten ist auch der Heimreich-Grabstein. Die Inschrift lautet in deutscher Übersetzung: „Hier erwartet die Auferstehung der ehrwürdige und hochgelehrte Herr Johannis Heimreich, Inspektor der Nordstrandischen Kirchen, geboren am 7. August 1586; gestorben am 3. November 1664." Der Stein lag früher vor dem Altar, wo Heimreich vermutlich beigesetzt worden ist. Die Porträt-Gemälde von ihm und seiner Frau Magdalena wurden in dem besonderen Abschnitt besprochen.

● Nach der auf dem Tamsen-Stein dargestellten Zeittracht (Abb. 33) hat man auf Nordstrand Frauentrachten neu angefertigt (Schulze-Hasselmann, 1974).

Die übrigen Steine sind nach den „Kunstdenkmälern des Kreises Husum" (1939) wie folgt erläutert worden:

● Oberteil fehlt, unten geborsten, h. 130, br. 99, t. 20 cm. 1. Hälfte des 17. Jhdts. Eckmedaillons mit Evangelistensymbolen nur unten erhalten. In der Mitte vertieftes Bogenfeld mit Relief eines stehenden Engels, der zwei Schilder hält. Herald. rechts Hausmarke: und BH, links Monogramm Christi und A B. In der Antiqua-Umschrift, die als Zeilenschrift fortgesetzt

Abb. 33. Frau in Zeittracht auf dem Tamsen-Stein, 1577

63

ist, fehlen Namen und Jahreszahlen. Plattdeutscher Bibelvers, Offenbarung Joh. 14, 13.

- Gebrochen. h. 171, br. 85,5, t. 13 cm. Eckmedaillons mit Evangelistensymbolen, in der Mitte vertieftes Bogenfeld mit Relief eines stehenden Engels, der einen Schild mit Hausmarke: und F B hält. Zeilenschrift unter dem Relief in Antiqua, Anno 1625 den 15 Aprilis is der ehrbare und vornehmer Geselle Frederick Boisen salichliken in Godt den Herren indtschlapen sinis Olders 34 Jahr unde 3 wecken der Sele Godt gnedich si". Umschrift plattdeutscher Bibelvers Offenb. Joh. 14, 13.

- Sandstein, stark verwittert. h. 209, br. 128, t. 14 cm. Wohl 2. Hälfte des 16. Jhdts. In der Mitte in vertieftem Kreisfeld Wappenschild mit Hausmarke:

- Oben und unten geborsten. h. 172, br. 120,5, t. 7 cm. Eckzwickel oben, Zeilenschrift in Antiqua, Daten nicht ausgefüllt. Wohl Anfang des 18. Jhdts. Für den „wohlehrenfesten großachtbaren und wohlfürnehmen Peter Harsen" und seine Frau Elsebe Harsens. Im unteren Teil des Steins zwei vertiefte Ovalfelder mit Wappen. Herald. rechts: Drei Bäume, springender halber Hirsch und P. H. Helmzier sprin-

gender Hirsch und Hörner. Links: Halbmond, drei Sterne und E. H.

- Roter Sandstein. h. 193, br. 81, t. 8 cm. Umschrift in Antiqua: „Anno 1582 starf Tutte Levenes der Gudt gnedich si. Anno 1589 starf Leve Ocksen den Gudt gnedich si. Anno 1593 starf Peter Levesen den Gudt gnedich si". – Kreisfeld mit Wappen, darin Mond unter zwei Sternen und L L. Der Stein wurde 1913 im Schiff der Kirche, 70 cm unter dem Fußboden aufgefunden.

- h. 200, br. 86, t. 17 cm. Eckzwickel oben, Zeilenschrift in Antiqua: „Anno 1660 am heil' Christage ist die ehr und vieltugendsame Frawe Agatha Herren Magistri Henrici Heimreichen Hausfrawe in Herren entschlaffen und ruhet alhie mit ihren Kindern Johann Peter und Magdalen ihres Alters 30 Jahr und 4 Monate D.S.G.G.".

- h. 205, br. 86, t. 12 cm. Eckzwickel oben, Zeilenschrift in Antiqua. „Anno 1661 den. . . ist der wollehrenvester grosachtbarer und wollweiser H. Occo Levesen des Landes Nordstrandes vieljahriger treubedient gewesener Rathhaupman und Gevollmechtiger salig in dem Herren entschlaffen seines Alters 73 Jahr und den 9. Aprilis alhier beigesetzt worden". – In Oval Wappen: Zwei Sterne, darüber Wellen, Halbmond und O L.

● h. 191, br. 89, t. 15 cm. Eckmedaillons mit Engel-
köpfen, Zeilenschrift in Versalien „Dieser Stein und
Begräbnis gehöret Edleff Lorentzen für sich und seine
Erben erblich. Hierunter ruht seine seh. Frau als die
gros ehr und tugendreiche Gundel Lorentzens sehlich
im Herren entschlaffen Anno 1710 den 11 Februarij
ihres Alters 40 Jahr".

● h. 94, br. 68, t. 12 cm. Oben vertieftes
Feld mit Antiqua: FRERCK ADSEN
OND SINEN ERVEN. In der Mitte in
vertieftem Oval Hausmarke:

● h. 194, br. 87, t. 18 cm. Eckzwickel oben, Zeilenschrift in Antiqua: „Anno 1662 obiit Anna Heimreichs
mater trium liberorum aetatis 30".

● Grauer Stein. h. 152,3, br. 101,2, t.
14,5 cm. Oberteil fehlt. Relief: In rund-
bogiger Maßwerkumrahmung zwischen
zwei Altarleuchtern mit Kerzen steht in
einer Nische ein gotischer Kelch, darin eine Oblate,
dahinter eine Patene. Unter der Nische, in Höhe der
Leuchter zwei kleine Kannen (Wein und Wasser).
Unter diesem Relief ein etwas breiteres Schriftbild,
charakterisiert als eine Urkunde, die an zwei Stellen
mittels schmaler Bänder aufgehängt ist. Das Schriftfeld enthält drei Zeilen in gotischer Minuskel: „. . .

*Abb. 34. Alte Kirche, Grabstein eines Geistlichen,
† 1508, an der südlichen Chorwand*

65

gardia(nus) h(uius) quiet(us) Obiit 1508 22 decembris". Darunter, wohl später eingeritzt, Hausmarke: Heimreich, der noch den Namen Thymanus Wesph (??) las, gibt an, daß dieser Stein von den „Hogleuten" aus Holland herübergebracht sei.

● Auf dem Friedhof südlich der Kirche liegend, auf einem für die Bewohner von Süderoog abgegrenzten Platz. h. 199, br. 69,5, t. 13 cm. Eckzwickel. Drei Texte in Zeilenschrift, zwischen dem 2. und 3. Text vertieftes Oval, darin heraldisch rechts Flügel, Stierkopf und H B, links Hausmarke und I H. In Antiqua: „Anno 1660 den 1. June ist der ehr achtbarer und wolvornehmer Man Hans Boisen auf Süderoch selich im Herren entschlaffen seines Alters 59 Jahr und den 5. Juni alhie beigesetset. Der S.G. – Anno 1658 am 28 Octbr. ist die ehr und viel tugentsahme Frawe Inge Ha(n)ses des ehrbaren und vornehmen Hans Boisens eheliche Hausehre im Herren entschlaffen und am 2 Novembris alhie begraben ihres Alters 52 Jahr der S. G. G. is. – Anno 1660 den 19. April is der ehr und achtbare Gesell Ingwer Hansen sehlich in Godt dem Herren enschlapē sines Olders 20 Jahr der Sele G.G. is."

● Vor dem Hause des Kirchendieners vier Fragmente des Grabsteins eines Pastors Christ. . . Rotvioletter Stein, br. 82,5 cm. Umschrift als Zeilenschrift fortgesetzt. In der Mitte Hausmarke abgetreten. Name und Jahr nicht erhalten.

● Ebendort drei Fragmente eines Grabsteins mit Hausmarke: Sandstein.

Daß es mit der Pflege des Friedhofes gelegentlich zu Spannungen gekommen ist, sollte der kommissarische Hardesvogt Detlev von Liliencron während seiner Dienstzeit auf Pellworm erfahren. Da beschwerte sich der Vorsitzende des Kirchenvorstandes der Alten Kirche, Pastor Dührkopp, darüber, daß der Kirchhof der Gemeinde „schändlicherweise als Weideplatz von wegelagernden Schafen und Gänsen nur zu häufig benutzt" würde. Die Königliche Hardesvogtei wurde gebeten, dieser Entweihung des Kirchhofes ein Ende zu machen und „dem ganzen Treiben in geeignet erscheinender Weise gefälligst Abhülfe schaffen zu wollen."

Westlich der Turmruine hat man eine schlichte Ruhestätte für meist namenlose Strandleichen angelegt. Freiwillige Beiträge ermöglichten die Errichtung eines Denkmals aus schwarzem, schwedischen Granit, das nachstehende Inschrift trägt:

„Heimat für Heimatlose. Offbg. 20, 13. Das Meer gab die Toten, die darinnen waren. Errichtet 1895".
Das Topographische Grabbuch der Alten Kirche verzeichnet von 1864 bis 1960 mehr als sechzig Beisetzungen. Die letzten Wasserleichen wurden am Ufer der Insel 1957 und 1981 geborgen und hier beerdigt.

Wenn wir diese Stätte betreten und die einzelnen Gräber betrachten, nur mit einem Kreuz und dem Funddatum versehen – kein Name –, dann sollten wir uns der um 1888 geschriebenen Worte des Oberhofpredigers und General-Superintendanten Dr. Kögel erinnern:

> *Die mitleidslos das Meer geraubt*
> *und die das Meer gab wieder,*
> *hier legten sie ihr bleiches Haupt*
> *von Wellen triefend nieder!*
> *Schiffbrüchige – man kennt sie nicht –*
> *ob Schiffsherrn, ob Matrosen*
> *nun träumen von der Heimat Licht*
> *die armen Heimatlosen.*

Nach dreißig Jahren wird dann auch das letzte Zeichen des Heimatlosen gelöscht. Von da an bewahrt nur das Grabbuch den Tatbestand, wann der Tote angetrieben wurde. Meistens steht dabei vermerkt: „Eine Strandleiche männlichen Geschlechts". Eine

Abb. 35. Alte Kirche, Gedenkstein „Ormen Friske" an der Westwand der Turmruine

nähere Personalbeschreibung gibt es nicht. Jeder bekommt ein christliches Begräbnis, und niemand fragt nach Herkunft, Rasse oder Religion.

Im Jahre 1923 wurden in wenigen Wochen zehn Strandleichen angeschwemmt. In einem Sommersturm des Jahres 1950 ereignete sich eine äußerst tragische Schiffskatastrophe, wahrscheinlich in der Nähe von Helgoland, die das Leben von fünfzehn jungen Schweden forderte. Sie hatten nach dem Vorbild eines Wikingerschiffes das offene Ruderboot „Ormen Friske" (gesunde Schlange) für die Weltausstellung in Stockholm (1949) gebaut. Nun waren sie damit zum Nationalfeiertag der Franzosen (14. Juli) unterwegs gewesen. Die jungen Sportler fanden auf dem Friedhof „Heimat für Heimatlose" eine vorläufige Ruhestätte. Zur Erinnerung an dieses Unglück wurde der in Abbildung 35 gezeigte Gedenkstein in Anwesenheit von schwedischen Angehörigen errichtet. Auf einer Tafel stehen die Namen der Schiffbrüchigen. Die Verunglückten wurden später in ihre Heimat nach Schweden umgebettet.

Pastorat

Zur vorreformatorischen Zeit standen dem „Kerkherrn" (rector ecclesiae) zwei Kapellane zur Seite. Das Pastorat für den später lutherischen Hauptpastor befand sich auf der Warf westlich der Alten Kirche, unmittelbar am heutigen Landesschutzdeich. Die Kapellane wohnten auf den beiden Warfen südlich der Kirche, die westliche ist heute unbewohnt. Im Jahre 1630 wurden die beiden Diakonate zu einer zweiten Predigerstelle zusammengelegt (F. Vollbehr, 1873).

Die zweite Predigerstelle hat man 1796 aufgelöst, als der Seedeich infolge der außergewöhnlichen Schäden aus einer Reihe von schweren und sehr schweren Sturmfluten bis an die Warf des Hauptpastors zurückverlegt werden mußte und dieser in das Kompastorat umzog, nachdem das Pastorat neu aufgebaut worden war.

Das reetgedeckte Friesenhaus mit Zwerchgiebel an der Südseite (Abb. 36) steht nicht mehr. Ein „modernes" Gebäude kam 1960 an seine Stelle.

Abb. 36. Pastorat der Alten Kirche, 1959 abgebrochen 69

Neue Kirche

Noch eben in die vorreformatorische Zeit fällt die Gründung der Neuen Kirche, als der Staller Jochim Leve zusammen mit Wencke Knudsen, Harre Bensen, Fedder Hansen und Johan von Haltern 1517 den Bischof Gottschalk von Alefeld um die Genehmigung baten, eine Capelle bauen zu dürfen, „den Gottesdeenst darin tho holden". Die ungünstige Lage der Alten Kirche am Rande der Pellworm-Harde und die beengten Platzverhältnisse in dieser Kirche mögen Anlaß zu dem Gesuch gewesen sein. Dem Kerkherrn an der groten Kerken sollte dàbei kein Schaden und kein Nachteil geschehen.

Schon am Donnerstag nach Ostern desselben Jahres unterschrieb der Bischof auf seinem Schloß zu Schwabstedt die Concession. Bis zur Fertigstellung der auf Kosten einiger Landbesitzer von Seegaard nach der Wisch verlegten Privatcapelle „Zum heiligen Kreuz" (St. Crucis) als Filiale der groten Kercken vergingen vier Jahre. Auf Seegaard sind noch Fundamentreste der Capelle vorhanden.

Wencke Knudsen hatte für den Standortwechsel die Warf und neun Demat (4,5 Hektar) Land gegeben. Die heutige Warfhöhe liegt auf NN + 3,16 m, das heißt bei mittlerem Tidehochwasser reicht die Kuppe der Warf etwa 1,60 m über den Wasserspiegel; bei der Sturmflut 1634 wird das salzige Nordseewasser im Kirchenraum schätzungsweise bis etwa einen Meter über dem Fußboden gestanden haben.

In dem Kircheninventar der Neuen Kirche auf Pellworm vom 5. August 1857 hat das damalige Kirchencollegium unter der Federführung von Pastor Francke-Petersen ausführlich die geschichtlichen und wirtschaftlichen Verhältnisse sowie das Gebäude und die Ausstattung beschrieben. In Auszügen mögen einige bemerkenswerte Aufzeichnungen die Anfänge beleuchten:

„Nach der Reformation wandte sich ein Theil der Bewohner zu dieser Capelle, und von der großen Kirche, als der eigentlichen Pfarrkirche, wurde ein Theil der Einkünfte bestimmt, um davon die Capelle und einen Capellan zu unterhalten; um indessen vor weiteren Ansprüchen gesichert zu sein, suchten und erlangten die bei der großen Kirche Gebliebenen vom Herzog Johann d. Ä. eine Urkund 1556, 21. Juli, daß es bei dem einmal Angewiesenen sein Bewenden haben sollte, daher auch später (1622, 23. Aug.) die Einwohner des Alten, Mittelsten und Wester-Kooges von der Beisteuer zum Bau der neuen Kirche freigesprochen wurden . . .

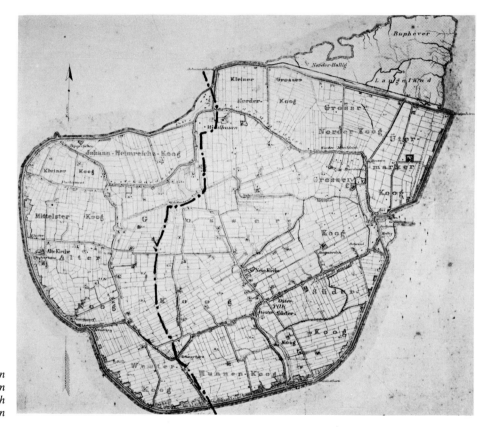

Abb. 37. Grenzlinie – . – zwischen dem Alten Kirchspiel (links) und dem Neuen Kirchspiel (rechts) nach Pastor K. Hansen

71

Zu der neuen Gemeinde gehört der östliche Theil der Insel, ca ⅔ der ganzen Insel . . . (Abb. 37), ferner die Halligen Südfall und die Hamburgerhallig.

An der Gemeinde steht ein Prediger, welcher von der Landesvorsteherschaft als dem Patronate der Kirche präsentiert und von denjenigen Landbesitzern auf Pellworm, welche zehn Demath Hochland im neuen Kirchspiele besitzen, gewählt wird. Die speziellen öconomischen Angelegenheiten werden von den beiden Kirchenjuraten verwaltet und von dem Kirchencollegio controllirt . . .

Die neue Kirche ist 1621/22 erbaut, aus großen Mauersteinen aufgeführt, mit Ziegelpfannen gedeckt . . . In der Süder- und Nordermauer befinden sich einander gegenüber die beiden Eingangsthüren, über der Süderthür eine Sonnenuhr, an Ecken stützen vier bis zur Dachhöhe aus Mauersteinen massiv aufgeführte Pfeiler die Kirche, und befindet sich zwischen den beiden Westpfeilern das Beinhaus. Nach Süden hat die Kirche fünf, nach Norden zwei Fenster".

Rund hundert Jahre hat es gedauert, bis die neue Barockkirche stand (Abb. 38 u. 39) und die an sich größere Parochie eine selbständige Kirchengemeinde wurde und ein Siegel führen durfte (Abb. 40) wie die Alte Kirche (Abb. 41).

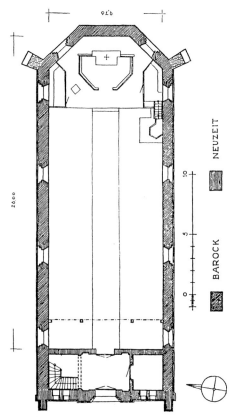

Abb. 38. Grundriß der Neuen Kirche

Abb. 39. Neue Kirche mit Glockenturm, davor Pastorat, 1866   73

Abb. 40. Siegel der Alten Kirche, gezeichnet von F. Speckhahn

Abb. 41. Siegel der Neuen Kirche (Zustand bis 1867)

Reparaturen

Nach fast 250 Jahren seines Bestehens war das Kirchengebäude ziemlich baufällig geworden, so daß man sich zu einer umfassenden Instandsetzung entschloß. Die Zeit war günstig; denn auf der Insel wurde die alte kommunale Rathmann-Verfassung gerade von der neuen preußischen Verfassung abgelöst. Dabei wurde auf Pellworm eine Reihe von Vorhaben mit kräftigen Finanzhilfen seitens der preußischen Verwaltung möglich. Diese stellte auch Mittel für die Restaurierung der Kirchen zur Verfügung.

Nun gab es für die Neue Kirche erhebliche Veränderungen. Der gesamte Westteil wurde umgestaltet. Das im Inventarium von 1857 genannte Beinhaus und die Sonnenuhr verschwanden, die beiden Türen in der Süd- und Nordwand wurden zugemauert. Ein einziges, gotisch geformtes Portal entstand in der völlig neu gestalteten Treppengiebel-Fassade (Abb. 42). In der Giebelspitze befindet sich die Kirchenuhr und eine kleine Glocke. Die Wände im Norden, Osten und Süden erhielten außen und innen glatten, geweißten Putz. Die Westwand besteht dagegen aus rotem Ziegelmauerwerk. Die großen Spitzbogenfenster sind symmetrisch angeordnet, je vier an der Süd- und Nordwand und zwei im Chorschluß. R. Haupt schrieb

1887 dazu, man habe die turm- und chorlose Neue Kirche „rücksichtslos hergestellt und verputzt".

Zu den umfangreichen Bauarbeiten gehörte auch die Beseitigung des im Osten des Kirchengebäudes freistehenden Glockenturmes aus Holz. Von den früheren beiden Glocken war um die Mitte des vorigen Jahrhunderts nur noch eine vorhanden, die von Joh. Nic. Bieber 1783 in Hamburg, ein Geschenk von Pastor J.F. Heseler und einigen Inselbewohnern. Sie hatte ihren Platz in dem neuen Giebel bekommen. Als sie im Ersten Weltkrieg abgeliefert werden sollte, wurde sie zwar heruntergenommen, aber dann zerschlagen. Die seit 1920 dort läutende Glocke stammt aus der Gußstahlfabrik des Bochumer Vereins.

Selbst die Dachziegel wurden gegen Schieferplatten ausgewechselt, wie damals bei der Alten Kirche und bei anderen öffentlichen Gebäuden.

Abb. 42. Neue Kirche, Westseite seit 1867

Vor dem Pellwormer Altar in der Nige Kark

von Hermann Claudius

Der Altar öffnet sich. Welch breite Schau
erschimmernd rings in Gold und Rot und Blau!
Die heiligen Gestalten dicht an dicht.
Und jede leiht der anderen ihr Licht.
Matthäus, Marcus, Paulus mit dem Schwert.
Und Petrus, der dem Knechte Malchus wehrt.
Und jede steht mit gläubig-stummem Mund
und macht die große Handlung sichtbar kund.
Gebärde, Miene wundersam beredt.
Das Bibelwort geheim dahinter steht.
Es ward Gestalt. Du siehst es vor dir stehn.
Es kann nicht mehr wie Schall im Wind verwehn.
Es steht nun leuchtend da wie in der Nacht
aus Dunkelheit der Sterne Funkelpracht.
„Was heißt Ihr Wahrheit?" – spricht Pilatus, tunkt
die Hand ins Wasser. Wie sein Mantel prunkt!
Auf einem Klotz von Gaul ein Legionär.
Maria mit dem Tränentüchlein schwer.

Am Kreuz die beiden Schächer winden sich.
Inmitten Er, der Christus, königlich
erhaben hoch ob allem Erdenleid,
dem Vater nah in Seiner Ewigkeit.
Und mögest du der ärgste Zweifler sein,
Verheißung strahlt mit Allmacht auf dich ein:
wie der Erlöser an dem Kreuze litt
für alle Welt und deine Sünde mit.
Es klingt der Hohe Psalm der Hierarchie
voll Gotteskraft und Engelsharmonie.
Du fühlst im Herzen tief, daß dir verziehn
und mußt anbetend dankbar niederknien
hin in den Glanz von Gold und Blau und Rot,
enthoben aller Not und allem Tod.
Und um dich her – es ist dir wie im Traum –
erklingt ein Amen durch den heiligen Raum.

Pastor Hansen, dem Erneuerer des Altars zu eigen

Farbabb. 9. Flügelaltar der Neuen Kirche, etwa 1520

Farbabb. 10. Momme-Nissen-Haus, Fenster 1, 2 und 7

In der Neuen Kirche

Seit 1867 stehen in der Neuen Kirche rund 400 Sitzplätze zur Verfügung, das sind wesentlich mehr als zuvor durch die Anordnung der Bankreihen und eines Mittelganges. Vergleichsweise kann die Alte Kirche nur 280 Sitzplätze anbieten.

Spätgotischer Schnitzaltar

Zwölf Jahre nach dem Bau der Neuen Kirche überschwemmte die zweite Mandränke die große Insel Alt-Nordstrand. Die Sturmflutschäden waren katastrophal. Aus der dem Untergang preisgegebenen Kirche zu Ilgrof rettete man 1638 den Flügelaltar für die Neue Kirche auf Pellworm (Abb. F9). Er soll um 1520 – also rund fünfzig Jahre nach dem Doppelflügelaltar der Alten Kirche – von einem Nachfolger des Bildhauers am dänischen Königshofe Claus Berg geschnitzt worden sein.

Der 254 cm hohe und 532 cm breite Altaraufsatz, ein Triptychon, gilt in seinen ursprünglichen Farben als einer der stattlichsten Schnitzwerke in Nordelbingen. Sowohl das zierliche Architekturgerüst (Abb. 43 u. 44), als auch die leuchtenden, uralten liturgischen Farben: Gold, Rot und Blau (es sind zugleich die friesischen Farben) und vor allem die derb realistischen und porträthaften Züge der 120 dargestellten Personen, zu denen offenbar Handwerker, Bauern, Seeleute Modell gestanden haben, zeugen von dem hohen Stand der heimischen Kunst (Abb. 45 u. 46). Da die Polimentvergoldung besonders deutlich hervortritt, heißt er auch der goldene Altar.

Abb. 43. Neue Kirche, Zierleiste am Flügelaltar   *Abb. 44 (oben). Neue Kirche, Maßwerkbaldachin am Flügelaltar*   77

Abb. 45. Neue Kirche, Flügelaltar, Gefangennahme Jesu

Abb. 46. Flügelaltar, Johannes Evang.

Mancher Betrachter dieses Kunstwerkes wird ähnliche Eindrücke empfinden, wie Hermann Claudius sie in Versen zum Ausdruck brachte (siehe S. 76).

Bei der großen Reparatur, als man die Innenwände glatt verputzte und weiß anstrich, blieb der Schnitzaltar nicht verschont: er wurde 1872 modisch eintönig weiß lackiert, die Skulpturen wirkten starr wie Gipsfiguren. „Nun ist das Äußere verstrichen, das Innere mit dem Schnitzwerk geweißt! Eine Herstellung wäre wünschenswert." Das war das Urteil des Kunsthistorikers Professor R. Haupt, 1887.

In den Jahren 1939 bis 1941 kam es endlich zur Beseitigung der früheren Ölbemalung und der stilwidrigen Lackfarbe, nachdem zwei Inselbewohner die dafür erforderlichen Geldmittel in Form von Stiftungen zur Verfügung gestellt hatten: Dorothea Hansen und Heinrich Bandixen. Die Figuren und Gruppenbilder kamen nach Kiel in das Thaulow-Museum, wo sie von sach- und fachkundiger Hand restauriert wurden, um in den ursprünglichen Farben wieder in das Altargerüst eingefügt zu werden.

Weil unbefugte Leute einzelne Figuren zum Fotografieren herausgenommen und dabei teilweise beschädigt hatten, sah sich der Kirchenvorstand veranlaßt, sämtliche Skulpturen diebessicher zu verankern.

Abb. 47. Neue Kirche, Taufstein, 1587

Taufstein (Abb. 47)

Der achtseitige Taufstein mit zwei kräftigen Wulstprofilen ist 104 cm hoch und oben wie unten 55 cm breit. An der Cuppa, ebenfalls achteckig, befinden sich vier derbe Köpfe. Am oberen Rand steht die Jahreszahl 1587 eingeritzt; er gehört also zu den spätgotischen Steinmetzarbeiten. Das Messingtaufbecken stammt aus dem 19. Jahrhundert. Am Sockel können wir die Namen der Stifter Claus Meinstorp und Frau Ide Meinstorp lesen und ihre Wappen betrachten. Der Taufstein besteht aus dunklem Marmor, der aus Namur in Belgien eingeführt worden ist.

Goldschmiedearbeiten

Zunächst wäre der spätgotische, vergoldete Kelch aus Silber zu nennen; er ist 21,3 cm hoch, sein Fuß 14,5 cm breit. Der Fries des sechsseitigen Fußes mit durchbrochenen Vierpässen. Die Kreuzgruppe wurde aufgenietet. Den Nodus (Fuß und Schaft mit Knauf) hat der Goldschmied um 1500 mit durchbrochenen gotischen Fenstern auf der Ober- und Unterseite versehen (Abb. 48).

Dazu gehört eine silbervergoldete Patene mit einem Durchmesser von 16 cm. Auf geriefeltem Grund befindet sich ein Scheibenkreuz mit gespaltenen Enden.

Der ebenfalls silbervergoldete Kelch mit Stifter-inschrift „Adolph Lorenzen undt seine EheFrau Christina Adolphs verehren diese Kelch Gott zu ehren und der Kirchen zum Zierde aufen Altar an der neuen Kirche in Pilwurm 1696" und Meisterzeichen AP hat einen runden Fuß und einen rankenverzierten Knauf. Der Kelch ist 19 cm hoch, der Durchmesser des Fußes 14 cm.

Rathmann Adolph Lorenzen hat nach dem Inventarium von 1763 auch die vergoldete Oblatendose aus Silber (Durchmesser 9,7 cm) geschenkt. Hier wurde der Meisterstempel PH eingraviert. Man nimmt an, daß es sich um den Gläser Petter Henning der Ältere in Stockholm handelt. Auf dem profilierten Deckel der flachen Dose mit gewelltem Rand steht: „Der Neuen Kirchen auff Pollworm 1713."

In einem kleinen Holzkoffer wird das Krankengerät bereitgehalten: 1. Silberner, 9 cm hoher Kelch, dessen oberer Rand und Cuppa innen vergoldet sind, mit vier Stempeln. Der Buchstabe H bedeutet das Jahr 1701. Meisterzeichen GD mit Krone. 2. Oblatendose von 5,7 cm Durchmesser aus Silber trägt ebenfalls vier Stempel, den Jahresbuchstaben L, der für 1704 steht. Meisterzeichen GD mit Krone. 3. Vergoldete Patene (Durchmesser 7,2 cm) mit unkenntlichem Stempel.

Abb. 48. Abendmahlskelch, 1696 der Neuen Kirche von Christina und Adolph Lorentzen gestiftet

Abb. 49. Neue Kirche, Altarleuchter von 1623

Abb. 50. Neue Kirche, Kronleuchter von 1704   83

Abb. 51. Neue Kirche, Unteransicht des Kronleuchters

Als hervorragendes Beispiel der Goldschmiede-kunst ist der dreiarmige Altarleuchter aus Gelbguß zu erwähnen (Abb. 49). Lichtteller und Dorn bestehen aus Messing. Der runde Sockel wird von drei sitzen-den Löwen getragen; sie halten je ein Schild vor sich mit den Zeichen JS, JJ und AJ, deren Bedeutung aus der Inschrift am Sockel hervorgeht: Jürgen Schomak-ker. Jochim Jürgensen. Abel Jürgens. Anno 1623. Der Balusterschaft des Leuchters ist reichprofiliert, die beiden geschwungenen Seitenarme sind mit Blattmu-stern verziert. Die tiefen Schalen der drei Lichtteller hat der Meister wie herabhängende Manschetten ge-staltet.

Es gibt dann noch ein Paar Altarleuchter, das I.H. Armowitz 1749 in Husum in Bronze gegossen hat, wie am Sockel zu lesen ist. Die Leuchter sind 50,5 cm hoch, haben runde flache Sockel auf je drei Tatzen-füßen, Balusterschaft und gravierte Schlängellinien. Die Lichtteller sind flach.

Kronleuchter (Abb. 50 u. 51)

Am reich profilierten Schaft des Kronleuchters aus Messing sieht man oben den gekrönten Doppeladler, darunter zwei Lichtkränze und schließlich eine auffäl-lig große Kugel von 33 cm Durchmesser, an die als unterer Abschluß ein Pinienzapfen angebracht wurde.

Auf dem runden Brustbild des Adlers sind zwei gleiche Wappen in Relieffform mit Herzen, die von zwei gekreuzten Pfeilen durchbohrt sind, befestigt; rechts in der Helmzier erkennt man eine nackte männliche Halbfigur mit Schwert und Waage und die Buchstaben EL, links eine Lilie mit CL. Die beiden Lichtkränze enthalten je acht Lichtarme und je acht Zierarme. Die oberen Zierarme hat man als geflügelte, weibliche Groteskfiguren gestaltet, die unteren tragen verzierte Obelisken. Die unteren Lichtarme sind mit Tierköpfen geschmückt. Die Stifterinschrift in Antiqua auf der Kugel lautet: „Edlef Lorensen und seine Hausfrau Christina haben Gott zu Ehren und der Kirchen zum Zierath diese Krone in der Neue Kirchen zur Gedechtnis verehrt in Pilworm Anno 1704."

Kanzel und Kruzifix

An der Südwand befindet sich die Kanzel aus Eichenholz mit Schnitzwerk im Stil der Renaissance. Der 140 cm hohe Korb über dem sechseckigen Grundriß ist gefirnißt und teilweise vergoldet. Als Beschlagwerk heben sich die freistehenden Ecksäulen ab. Die Bogenfelder sind von symmetrischen Ornamentleisten eingefaßt, die Füllungen mit Entarsiensternen geschmückt. Die Bogenstützen laden zur Mitte hin konsolenartig aus. In den Kartuschen darunter steht in

Abb. 52. Neue Kirche, Kanzel um 1600

85

Antiqua geschnitzter Schrift und goldenen Buchstaben: „H. Johanes Waltzen. Hummer Johansen. Leve Eddelefsen D.N. Johan Swensen, Bauweheren." Am Fries lesen wir den niederdeutschen Bibelvers II. Cor. V, 20: „Wi sint baden in Christus stede, wente Godt vormanet dorch uns V.Cor." In den Sockelfeldern: „Predichstol in voreredt alse Fedder Hansen und Johan Hansen, Hans Harsen und Johan Hummersen und Noce Hummersen."

Dem sechsseitigen Schalldeckel hat man eine kassettierte Unterseite mit vertieftem Mittelfeld gegeben, dazu Beschlagwerkaufsätze mit Rosetten.

Die Kanzel ist um 1600 für die Kirche zu Ilgrof gestiftet worden und nach der Sturmflut 1634 – wahrscheinlich zusammen mit dem Flügelaltar – nach Pellworm gekommen (Abb. 52).

Das Kruzifix muß mehrmals den Platz gewechselt haben; denn 1763 befindet es sich „über dem Chorgitter", 1939 hängt es an der Nordwand, seit der letzten Restauration, als der Putz wieder von den Wänden entfernt worden ist und das rotbraune Backstein-Mauerwerk erneut sichtbar wurde, an der Südwand. Der spätgotische Corpus aus Eichenholz ist 175 cm hoch und stammt aus der Zeit um 1500; die Bemalung und das Kreuz sind neueren Datums.

Gestühl und Schrank

An der Nordwand im Chor steht ein Beichtstuhl aus Eichenholz, der seinen architektonischen Aufbau in der Art des „Hamburger Schapp" erhielt (Abb. 53). Der 230 cm hohe Beichtstuhl soll nach dem Inventarium von 1857 im Jahre 1638 aus der abgebrochenen Kirche zu Osterwohld/Alt-Nordstrand nach Pellworm in die Neue Kirche gebracht worden sein. An der langen Seite wird die Fläche durch korinthische Pilaster oben in drei querrechteckige Sprossenfenster und darunter in drei spitzovale Felder aufgeteilt. Die schmale Westseite ist mit zwei Fenstern ausgestattet.

Als die von Seiner Königl. Majestät genehmigte neue Kirchenagende von 1797 dem Prediger an der Neuen Kirche zugestellt wird, ist darin besonders vermerkt: „. . . daß die Privatbeichte . . ., wo solches thunlich und rathsam, abgeschafft, und die allgemeine Beichthandlung eingeführt, jedoch vor der Hand einzelnen Communicanten erlaubt werde, auf ihr Verlangen, nach der allgemeinen Beichthandlung noch privatim zu beichten; wobey es zum allerhöchsten besonderen Wohlgefallen gereichen wird, wenn das Beichtgeld dieser heilsamen Einrichtung kein Hindernis in den Weg legt . . ." Man hat die Beichte hier in der evangelisch-lutherischen Kirche also noch über zwei Jahrhunderte nach der Reformation beibehalten.

Abb. 53. Beichtstuhl in der Neuen Kirche   87

Abb. 54. Neue Kirche, Schrank für Kirchengeräte von 1624

Ein reich beschnitzter Schrank aus Eichenholz mit Hermenpilastern (Abb. 54) hat seinen Platz unter der Kanzel; er ist 154 cm hoch, 97,5 cm breit und 51,5 cm tief. Nackte Halbfiguren halten die gekreuzten Arme über der Brust. In der kleinen, querrechteckigen Türfüllung erkennt man in der Kreiskartusche die Buchstaben JHS. Die hochrechteckige Füllung unten trägt die Stifterinschrift im Rollwerkrahmen. Die Buchstaben in Antiqua lesen wir so: „Godt thon Ehren und disser Gemende thom Besten hefft Elsbe H. Jacobs, alhir Pastorsche, bordich vom Gripswalde uth Pommeren, düsse Zirath in disser nyen Kerken thor Gedechtenisse vorehret. Anno 1624." Der Schrank wird der Spätrenaissance zugeschrieben. Der schlichte Sockel auf den walzenförmigen Füßen stammt aus späterer Zeit.

Das passende Gemeindegestühl wurde im Rahmen der großen Restauration um 1870 erforderlich und in neugotischen Formen beschafft.

Bildnisse

Ein Ölgemälde auf Leinwand in Oval und schlichtem Rahmen zeigt den im Jahre 1705 gestorbenen Pastor Titus Axen (Abb. 55); es ist 134 cm hoch und 109 cm breit. Die Halbfigur mit Perücke in Talar und Bäffchen hält in der rechten Hand ein Gesangbuch.

Hinter dem zurückgeschlagenen blauen Vorhang wird ein Bücherregal sichtbar. Im unteren Bildteil steht in gemalter Schrift: „Herr Titus Axen, Pastor Bey der Neuen Kirchen auf Pellworm. Natus Husum Ano 1663. Vocatus Anno 1693. Denatus 1705. Aetatis 42."

Hervorzuheben ist das Elersen-Epitaph an der Nordwand, das Johann von Groningen 1570 in Eichenholz (h. 232,5, br. 128 cm) geschaffen hat. Die Kreuzgruppe soll nach der kleinen Kupferstichpassion von Albrecht Dürer gemalt sein. Der Stifter in schwarzem Gewand mit weißer Halskrause und rotem Barett kniet vor Maria. Rechts steht Johannis in grünem Gewand und rotem Mantel; vor ihm knien zwei kleinere weibliche Personen. Die architektonische Gestaltung des Renaissancerahmens mit Freisäulen und Dreieckgiebel, grotesken Fabelwesen, Blatt- und Rollwerk, kann als gut gelungen angesehen werden. Auf dem Sockel steht in Frakturschrift: „Gott zu ehren, der Kirchen zur Zirath hat Thomas Elersen dieses Epitaphium in der inudierten Kirchen Ilgroff verehrt. Und ao. 1636 von sein Sohn Lorentz Tomsen versetzt worden, welches sein Sohn Edleff Lorentzen renovieren lassen 1704 (Abb. 56)."

Ein Gemälde von J. Hopp in Husum „Jüngstes Gericht" (260 x 345 cm), das Momme Peter Jacobsen und Frau Catharina Maria der Kirche im Jahre 1773

Abb. 55. Neue Kirche, Pastor Titus Axen (1663–1705)

Abb. 56. Neue Kirche, Epitaph Elersen von Joh. v. Groningen

geschenkt haben, hing vor der Restaurierung an der Nordwand. Jetzt hängt es, weil beschädigt, auf dem Kirchenboden.

An der Südwand sehen wir zwei Tafeln mit den Namen der Pastoren, die seit der Reformation an der Neuen Kirche amtiert haben:

Gerhard v. Campen	1526–1533
Christian Stolte	–1536
Nicolaus v. Geldern	–1550
Galenus Otto	
Petrus Martini	–1565
Ludolf Walhof	+1582
Odie Woltsen	+1616
Johann Woltsen	+1625
Thomas Fabricius	+1629
Peter Krüger	–1631
Georg Bartels	+1662
Heinr. Jul. Steigerthal	+1676
Laurentius Clasen	+1693
Titus Axen	+1705
Joh. Friedr. Heseler	–1711
Friedr. Hauptmann	+1717
Joh. Dietrich z. Felde	+1727
Hinrich Bruhn	+1769
Joh. Joachim Meyer	+1778
Joh. Friedr. Heseler	–1812

Matth. Friedr. Greif	–1826
Eduard P.W. Thiessen	1828–1842
Eduard Carstensen	+1847
Herm. Jul. M. Kühl	–1850
Georg Francke-Petersen	–1851
Joh. Aug. H. Bolten	–1863
Jul. Wilh. Wiedemann	–1868
Hans Herm. Jul. Gloe	1876–1881
Carl Theod. Langbehn	+1883
Henrici Trautmann	–1892
Lorenz Ketelsen	–1899
Peter H. Martensen	–1906
Wilhelm Kähler	–1913
Lorenz Claussen	–1927
Klaus Schlüter	+1928
Johannes Petersen	–1934
Karl Hansen	–1965

Orgel

Bis zum Jahre 1870 gab es in der Neuen Kirche keine Orgel. Nach dem Umbau schenkten 63 Gemeindemitglieder und die Pellwormer Spar- und Darlehnskasse eine von Färber in Tönning gebaute Orgel, die auf der Westempore steht. Die Stiftertafel ist vorhanden. Schon 1901 hat man die Orgel durch Emil Hansen aus Flensburg umbauen lassen.

Friedhof

Wie bei der Alten Kirche liegt der Friedhof auf der Kirchwarf. Er mußte zweimal erweitert werden: 1833 nach Osten und 1932 nach Süden (Abb. 57).

Über drei alte Grabsteine wäre zu berichten, daß sie vor den Türen der beiden früheren Lehrerwohnungen liegen. Ein Stein aus Namurer Marmor ist 110,5 cm lang und 69,5 cm breit. In einem Oval erkennt man ein Wappen, links Kleeblatt, rechts drei Bäume und einen Hirsch (halb). Leider ist die Inschrift teilweise abgetragen, lesbar blieb: „Anno 1 . . 8 ist dessen Hausfrauwe die ehr un viel tugentsahme Vollich Petters selich in dem Herren entschlaffen ihres Alters . 5 Jahr dessen Seele Godt gnedich si". Man nimmt an, daß dieser Grabstein aus dem 17. Jahrhundert (1668?) stammt.

Auf dem Fragment eines anderen Steines an dieser Stelle (105 zu 60 cm) ist die Jahreszahl 1662 zu lesen.

Der Grabstein vor der Tür des Hauses zwischen der Küsterwarf und dem D.-v.-Liliencronweg hat die Maße 129,5 zu 143,5 cm. In das Oval oben ist das Relief der Auferstehung mit dem Spruch Joh. 11,25 eingemeißelt, in den Zwickeln Akanthus und Frauenhalbfiguren. Ein Lorbeerkranz umfaßt das Schriftfeld. In den unteren Ecken erkennen wir Wappen mit Blumen, Anker und Kleeblatt.

92 *Abb. 57. Blick von Südosten auf die Neue Kirche, Friedhof 1932 nach Süden erweitert*

Abb. 58. Anton-Heimreich-Haus 93

Bei dem Umbau der Tilli-Mühle kam ein Grabstein ans Tageslicht, der zu einem Mühlstein abgerundet und geschliffen worden war. Soweit die Steininschrift unbeschädigt blieb, läßt sich ablesen, daß sie im Jahre 1611 für einen 75jährigen Mann hergestellt worden ist: „Ick wedt dat min Erlöser levet und he werdt mitd disser miner Hudt umme gegeven werden und w(erde) in minen Flesche Godt seen. . .“

Östlich der Kirche hat man eine Ruhestätte für 14 Soldaten und drei unbekannte Marineangehörige angelegt, die in den Jahren 1914 bis 1918 bei Pellworm an Land gespült worden sind.

Pastorat = Anton-Heimreich-Haus

Das Pastorat liegt auf einer Warf fast zwei Meter über dem mittleren Tidehochwasser im Südwesten der Neuen Kirche. Das eingeschossige, langgestreckte, Ost-West gerichtete Backsteinhaus wurde nach dem Brande von 1716 wiedererrichtet mit reetgedecktem Krüppelwalmdach (Abb. 58).

Da für die beiden Kirchen auf Pellworm seit 1965 nur noch ein Pastor zur Verfügung steht und das Pastorat der Alten Kirche durch einen Neubau ersetzt worden ist, hat man dieses Gebäude nach Vorschlägen des Landesamtes für Denkmalpflege und der Landeskirche zu einem Gemeindehaus umgebaut. Während die Außenansicht unverändert blieb, wurden die Innenräume völlig umgestaltet. Stall und Scheune verschwanden. Zweckmäßig eingerichtete Räume in Form von Vortragssaal, Hobbyraum, Teeküche und sanitären Anlagen im Gemeindehaus waren Voraussetzungen für die inzwischen bewährte Nutzungsart als Begegnungsstätte für Urlauber und Einheimische. Sie wurde benannt nach dem Pastor Anton Heimreich (1626 – 1685), der 1666 auf Hallig Nordstrandischmoor die bekannte Nordfresische Chronik geschrieben hat.

Abb. 59.

Gefallenenehrung

Unweit der Neuen Kirche, in der Mitte der Insel, umschließt ein kleiner Hain von Eichen und Buschwerk die Gedenksteine und -tafeln mit den Namen der Pellwormer Gefallenen. Eine Doppeleiche ist 1898 zur Erinnerung an Schleswig-Holsteins Erhebung gepflanzt worden. Der Stein daneben trägt die Jahreszahlen 1848/49. Rechts anschließend liegen im mittleren Halbrund der Anlage die 22 Tafeln mit den Namen der 64 im Ersten Weltkrieg Gefallenen. Das Denkmal hat der Bildhauer Treede in Flensburg 1921 entworfen und gestaltet: zwischen zwei Adlern ein aufrecht stehendes Schwert. Die Namen der 100 Gefallenen und Vermißten des Zweiten Weltkrieges sind auf einen großen Findling aus Granit gemeißelt. Die Pellwormer Gefallenenehrung wird von der Evgl.-Luth. Kirchengemeinde als Mahnmal betreut.

95

Evangelisch-Lutherische Kirchengemeinde Pellworm

Die beiden Gemeinden St. Salvator oder Alte Kirche und Neue Kirche bilden seit 1975 eine Kirchengemeinde mit eigenem Siegel (Abb. 60). Sie gehört dem Kirchenkreis Husum-Bredstedt und dem Sprengel Schleswig der neugebildeten Nordelbischen Evangelisch-Lutherischen Kirche an. Die Verfassung trat am 1. Januar 1977 in Kraft.

Die Verantwortung für Bestandssicherung und Pflege der beschriebenen Kirchenschätze liegt nach Artikel 15 der Verfassung beim Kirchenvorstand der Kirchengemeinde Pellworm.

Momme-Nissen-Haus

Die Römisch-Katholische Kirchengemeinde Nordstrand kam 1978 einem Wunsch vieler katholischer Urlaubsgäste entgegen, ein verbessertes seelsorgerisches Angebot bereitzuhalten. Sie kaufte das Bauerngehöft von Amandus Jacobsen im Großen Norderkoog (Abb. 61) und baute es in der Weise um, daß eine geräumige Kapelle für den Gottesdienst und Wohnräume für einen katholischen Geistlichen in dem Gebäude entstanden.

Abb. 60. Siegel der Ev.-Luth. Kirchengemeinde

Die künstlerische Ausgestaltung war Professor Franz Griesenbrock aus Vaals in den Niederlanden übertragen worden. Das Altarbild stellt den Apostel Petrus mit anderen Aposteln in einem Schiff dar (Abb. 62). Die Geschichte von Alt-Nordstrand findet man in den farbigen Fenstern veranschaulicht. Fenster zeigen die katastrophale Sturmflut von 1634 oder rufen die Einnerung an damals untergegangene Kirchen wach:

1. – 3. Fenster (im Chorraum): Die Flut von 1634. Es ist der Morgen nach der grauenvollen Nacht. Der Sturm ist vorüber, der Himmel wieder klar. Nun erst wird das ganze Ausmaß der Verwüstung deutlich. Den Menschen steht das Entsetzen im Gesicht (Abb. F10).

Abb. 61. Hof A. Jacobsen vor dem Umbau zum Momme-Nissen-Haus 97

Daran anschließend im Kirchenschiff (linke Seite):

4. Fenster: St. Pankratius, ein junger römischer Kaufmannssohn, der in der Verfolgung des Diokletian den Martertod erlitt. Seit dem Mittelalter gerne als Ritter dargestellt. Ihm war die Kirche von Stintebüll geweiht, die endgültig 1639 aufgegeben werden mußte. Die zwei Ochsen erinnern an die Kirchbausage. Man habe zwei Ochsen zusammengebunden und sie über Nacht frei gräsen lassen. Wo man sie am Morgen fand, sei die Kirche erbaut worden.

5. Fenster: St. Laurentius (mit dem Rost) und St. Jakobus der Jüngere (mit d. Walkerstange). Darstellung nach einem alten Siegel der Edomsharde.

St. Laurentius war der Patron der Morsumer Kirche, einer der Hauptkirchen des alten Strandes.

6. und 7. Fenster: Die Flut. Im 7. Fenster eine stilisierte Karte mit den Namen der Kirchspiele (Abb. F10 rechts). Die Jahreszahlen bedeuten das Jahr der endgültigen Aufgabe der Kirchen.

8. Fenster: Das „Holländer-Fenster". Im Jahre 1652 schloß der Herzog einen Vertrag mit holländischen Partizipanten (Aktionären), die das Land wieder bedeichen sollten. Das Paar in der Tracht des 17. Jahrhunderts symbolisiert den Deichgrafen Indervelden und seine Frau. Über ihnen links der Oratorianer-Priester Christian de Cort (auf Nordstrand 1654–1669+) und der Wilhelmiten-Pater Roger Indervelden, der erste katholische Seelsorger der kath. Gemeinde nach der Reformation (1654).

9. Fenster: Maria. Das Buch in der Hand bedeutet die Hl. Schrift, das Wort Gottes. Der siebenarmige Leuchter, ein Symbol des Alten Bundes. Erinnerung an die Kirche von Evensbüll.

10. Fenster: St. Ursula mit ihren Gefährtinnen. Patronin der untergegangenen Kirche von Rörbeck.

11. Fenster: Christus als Richter und Erlöser. Nach einem alten Nordstrander Siegel gestaltet.

12. Fenster: Madonna auf der Mondsichel. Nach dem Siegel des Pellwormer Priesters Hinrich Drape aus dem 15. Jh.

13. Fenster: St. Andreas, Apostel, Patron der Kirche zu Gaikebüll.

14. Fenster (im Altarraum rechts): Die Symbole der vier Evangelisten.

Momme Nissen (1870–1943), in Deezbüll/Nordfriesland geboren, wurde als Päpstemaler, Dominikaner-Mönch und Verfasser des Buches über Julius Langbehn, dem „Rembrandtdeutschen" (1926), bekannt. Beide konvertierten 1902 zum katholischen Glauben. Eine Verbindung zu Pellworm ist über den gemeinsamen Freund Johannes Muhl, Sohn des Pellwormer Deichkommissars Peter Muhl, entstanden.

Abb. 62. Altarbild im Momme-Nissen-Haus 99

Schriftenverzeichnis

Balemann, G. L., Falck, Flor, Michelsen, C. Paulsen, C. H. Pfaff u. H. Ratjen, 1836: Erster Bericht der Königl. Schleswig-Holstein-Lauenburgischen Gesellschaft für die Sammlung und Erhaltung vaterländischer Alterthümer. – Kiel.

Bechmann, F., 1980: Kirchen in Norder-Dithmarschen. – Heide.

Boetius, M., 1623: De cataclysmo Nordstrandico. – Schleswig (Übersetzung von Dr. Schmidt-Petersen: Über Denkwürdigkeiten von Sturmfluten, welche Nordstrand betroffen haben. – (Jb. Nordfr. Ver., H. 18, 1931; H. 19, 1932)

Börensen, H., 1908: Pellworm wie es ist und war. – Pellworm/Husum.

Carstens, G., 1982: Der planmäßige Aufbau der heidnischen Heiligtümer bei den Skandinaviern, Friesen und Sachsen. – Husum.

Cypraeus, J. A., 1634: Annales episcoporum Slesvicensium. – Coloniae Agrippinae.

Fiege, G., 1974: Nissen, Momme.-Schl.-Holst. Biogr. Lexikon, Bd. 3., S. 200–203.

Fock, G., 1974: Arp Schnitger und seine Schule.- Kassel, Basel, Tours, London.

Göldner, H. u. Blaschke, Kl., 1978: Verfassung der Nordelbischen Evangelisch-Lutherischen Kirche. – Kiel.

Gudeknecht, J., 1645: Die Aufzeichnungen des Pellwormer Organisten und Schullehrers J.G., mitgeteilt von A. Panten, 1981, NfJb. u. H. Hansen 1917.

Hansen, H., 1917: Pellwormer Chronik. – Schleswig.

Hansen, K., 1938–1974: Chronik von Pellworm, 1.–6. Aufl., Husum u. Breklum.

Hansen, K., 1973: Kort Wiederich, der Seeräuber im Turm der Alten Kirche zu Pellworm. – Schleswig-Holstein. Heimatkalender.

Hansen, R., 1905: Der Name Pellworm. – ZSHG 35, S. 266–267.

Haupt, R., 1866: Die Bau- und Kunstdenkmäler der Provinz Schleswig-Holstein, Bd. I, Kiel.

Haupt, R., 1921: Wie kommt nach Schleswig der Tuff? – Schl. Nachr. Nr. 238 v. 11. Okt.

Haupt, R., 1929: Kurze Geschichte des Ziegelbaus und Geschichte der deutschen Ziegelbaukunst bis durch das 12. Jahrhundert. – Heide.

Hauschteck, W., 1931: Im Wattenmeer auf friesischen Inseln. – Hameln.

Haustedt, A., 1927: Aus der Kirchengeschichte Nordfrieslands. – Husum. In: Nordfriesland von L. C. Peters.

Heidrich, Ch., 1969: „Meine Seele in der Welt". Zur Autobiographie von Momme Nissen. – Zwischen Eider u. Wiedau.

Heimreich, A., 1666: Nordfresische Chronik. – Schleswig.

Jürgens, R., 1978: Spätgotische Altarmalereien in Schleswig-Holstein. – Kiel.

Kamphausen, A., 1966: Nordfriesische Inselkirchen. – Schleswig-Holstein.

Kamphausen, A., 1968: Schleswig-Holstein, Land der Küste. – Nürnberg.

Kopischke, M., 1982: Spätgotische Schnitzaltäre an der schleswig-holsteinischen Westküste. – Kiel, Diss.

Kunstdenkmäler des Kreises Husum, 1939; Berlin. Hrsg. E. Sauermann.

Kunst-Topographie Schleswig-Holstein, 1969; Neumünster. Hrsg. H. Beseler.

Lane, B., 1980: Hans Memling. Werkverzeichnis. – Ullstein Kunst-Buch Nr. 36028, Frankfurt/M.-Berlin-Wien.

Lang, A., 1965: Geschichte des Seezeichenwesens. – Bonn.

Laur, W., 1967: Historisches Ortsnamenlexikon von Schleswig-Holstein. – Schleswig.

Lehe, E.v., 1952: Neuwerk im Strom der Zeiten. – In: Ein Turm und seine Insel. – Cuxhaven.

Nissen, Benedikt Momme, 1926: Der Rembrandtdeutsche Julius Langbehn. – Freiburg i.Br.

Petersen, M., 1977: Maler sehen Pellworm. – Neumünster.

Petersen, M., 1978: Der Heverstrom – Schicksalsstrom Nordfrieslands. – NfJb.

Petersen, M., 1981: Die Halligen. – Neumünster.

Petersen, M. u. Rohde, H., 1977: Sturmfluten. – Neumünster.

Quedens, G., 1980: Inselkirchen. – Breklum.

Rumohr, H. v., 1962: Dome, Kirchen und Klöster in Schleswig-Holstein und Hamburg. – Frankfurt/M.

Schmidt, Dechant: Die Kapelle im Momme-Nissen-Haus Pellworm. Prospekt des Kath. Pfarramtes Nordstrand.

Schulze-Hasselmann, E., 1974: Zur Rekonstruktion der Alt-Nordstrander Frauentracht. – Die Heimat.

Teuchert, W., 1981: Die Turmruine der Alten Kirche auf Pellworm. – Schleswig-Holstein, H. 8.

Thümmler, H., 1955: Die Kirche von Marienhafe und die Andreaskirche in Norden. – Fries. Jb.

Trap, J. P., 1864: Statistik-topographisk Beskrivelse af Hertugdømmet Slesvig. Bd. 1, Kjöbenhavn.

Volbehr, Fr., 1882: Übersicht der Geistlichen der ev.-luth. Landeskirche Schleswig-Holsteins. – ZSHG, S. 315–371.

Waller, K., 1952: Der Turm auf Neuwerk. – In: Ein Turm und seine Insel. – Cuxhaven.

Witt, R., 1982: Die Anfänge von Kartographie und Topographie Schleswig-Holsteins 1475–1652. – Heide/H.

Wulf, H.-W., 1981: Kirchen in Eiderstedt. – St. Peter-Ording.

Bildnachweise

Beyer, U., Pellworm 62, F10
Boom, F.v.d., Hörstel 17
Clausen, M., Kiel 59
Cramers Kunstanstalt, Dortmund F3
E-Luth. Kirchenarchiv Pellworm 16, 20, 23, 31, 32, 35, 36, 40, 41, 50, 57, 58, 60, F2
Heinrichs, H.G., Hannover 42, 45, 46, F9
Hölscher, K., Hannover F4–F8
Kunstdenkmäler des Kreises Husum 6, 15, 21, 26, 38, 47
Landesamt für Denkmalpflege, Kiel 18, 19, 22, 24, 27–29, 34, 43, 44, 48–57
Martensen, Th., Pellworm F1
Nachlaß E.G.J. Knoop, Hamburg 39
Petersen, M., Mönkeberg 13, 33, 61
Schlitt, W., Pellworm 25, 30
Ulrich, Solingen 14